Die Staats- und Grundrechtslehre von Rhigas Velestinlis

Schriften zum Staats-, Verwaltungs- und Europarecht

Herausgegeben von Andreas Haratsch

Band 3

PETER LANG

Ilias I. Sofiotis

Die Staats- und Grundrechtslehre von Rhigas Velestinlis

Übernationaler Menschenrechtskonstitutionalismus im Europa des 18. Jahrhunderts

PETER LANG

Bibliografische Information der Deutschen Nationalbibliothek
Die Deutsche Nationalbibliothek verzeichnet diese Publikation
in der Deutschen Nationalbibliografie; detaillierte bibliografische
Daten sind im Internet über http://dnb.d-nb.de abrufbar.

Umschlaggestaltung: © Olaf Gloeckler, Atelier Platen, Friedberg

ISSN 2193-1143
ISBN 978-3-631-75912-7 (Print)
E-ISBN 978-3-631-76300-1 (E-PDF)
E-ISBN 978-3-631-76301-8 (EPUB)
E-ISBN 978-3-631-76302-5 (MOBI)
DOI 10.3726/b14454

© Peter Lang GmbH
Internationaler Verlag der Wissenschaften
Berlin 2018
Alle Rechte vorbehalten.

Peter Lang – Berlin · Bern · Bruxelles · New York ·
Oxford · Warszawa · Wien

Diese Publikation wurde begutachtet.

www.peterlang.com

Zur Erinnerung an
Dimitrios Th. Tsatsos & Peter J. Tettinger

Prolegomena

Nur wenige Eingeweihte kennen den 1757 in Velestino geborenen Antonios Kyriazis. Er selbst nannte sich nach seiner thessalischen Geburtsstadt Rhigas Velestinlis. Bekannt wurde der griechische Revolutionär und Freiheitskämpfer im 19. Jahrhundert auch unter dem Namen Rhigas Pheraios (oder Fereos), der von der antiken Stadt Pherai abgeleitet ist, die unweit von Velestino gelegen ist. Er selbst hat diesen Namen, mit dem er heute immerhin auf der Rückseite der griechischen 10-Cent-Münze abgebildet ist, niemals benutzt.

Dass Rhigas' Werk heute nur einem Kreis erlesener Fachleute, vor allem wohl Historikern, bekannt sein dürfte, ist aufrichtig zu bedauern. Im rechtswissenschaftlichen Diskurs fällt sein Name, zumindest in Deutschland, äußerst selten. Die verdienstvolle Analyse von Rhigas' Verfassungsentwurf und seinem Entwurf einer Grundrechtscharta, die Ilias I. Sofiotis hier durchführt, ist ein wichtiger Beitrag, die Ideenwelt des Mannes aus Velestino einer breiteren rechtswissenschaftlich interessierten Öffentlichkeit ins Gedächtnis zu rufen und aufzuzeigen, dass eine intensive Auseinandersetzung mit Rhigas' Werk auch in der heutigen Zeit überaus gewinnbringend sein kann.

Von Bedeutung sind Rhigas' sogenannte Revolutionsschriften nach mehr als 220 Jahren nicht nur, weil in ihnen die Ideen der Aufklärung und der Französischen Revolution adaptiert werden, sondern insbesondere weil Rhigas das französische Vorbild in mancherlei Hinsicht weiterentwickelt und die Modernität seiner Ideen überrascht. So fasst er den Begriff des Volkes nicht national oder gar ethnisch auf, sondern multikulturell, wenn er in Art. 7 seines Verfassungsentwurfs darunter „alle Einwohner dieses Reiches ohne Ausnahme der Religion oder der Sprache, Griechen, Bulgaren, Albaner, Vlachen, Armenier, Türken und jede andere Gattung der Volksstämme" versteht. Der polyethnische und multireligiöse Geist, den das Werk Rhigas' atmet, durchdringt auch seine Grundrechtscharta. In deren Art. 3 Satz 1 formuliert er, dass alle Menschen von Natur aus gleich seien, um noch ausdrücklich hinzuzufügen, dass dies für „Christen und Türken" gleichermaßen gelte. Dem Begriff der Türken wird dabei keine ethnische Bedeutung beigemessen, sondern er steht für Menschen muslimischen Glaubens.

In seinem revolutionären Kampflied „Thourios" heißt es, „frei soll jeder seines Glaubens leben". Rhigas vertritt einen liberalen und demokratischen Republikanismus. Er setzt sich für allgemeine Bildung ein und propagiert eine weitgehende Gleichheit von Männern und Frauen.

Die Ideen, für die Rhigas Velestinlis einstand, besaßen seinerzeit eine ungeheure Sprengkraft. Es verwundert daher nicht, dass er 1797 in Triest auf dem Weg nach Venedig, wo er Napoleon treffen und ihn um Unterstützung bitten wollte, verhaftet und schließlich von den österreichischen an die osmanischen Behörden übergeben wurde. 1798 wurde er in Belgrad zusammen mit einigen Kampfgenossen hingerichtet. Dass die staatsrechtlichen Vorstellungen von Antonios Kyriazis, der sich selbst – recht unrepublikanisch – „König von Velestino" (Rhigas Velestinlis) nannte, nicht mit ihm untergegangen sind, belegt das vorliegende Buch.

Andreas Haratsch, Hagen im März 2017

Vorwort

Die Staatslehre des griechischen Revolutionärs, Aufklärers und Märtyrers Rhigas Velestinlis (Velestino 1757 – Belgrad 1798) stellt ein einzigartiges, aber oft übersehenes Kapitel der europäischen Verfassungsgeschichte dar. Rhigas selbst lässt sich heute als einer der wichtigsten, aber leider wenig bekannten theoretischen Wegbereiter des heutigen universalen Menschenrechtskonstitutionalismus bezeichnen.

Am Ende des 18. Jahrhunderts, in der Gründungszeit vieler heutiger Nationalstaaten, hat Rhigas sich schon durch sein Verfassungswerk „Neue Politische Verwaltung" (Wien 1797) mit der Problematik des Aufbaus eines lebensfähigen liberalen und demokratischen übernationalen Staates gründlich auseinandergesetzt. Das Vorhandensein seiner Grundrechtsverfassung stellt einen echten und stichhaltigen Beweis dar a) der grundlegenden Vertiefung des europäischen verfassungsrechtlichen Denkens des 18. Jahrhunderts in den universalen Grundsätzen der Aufklärung und b) der Verinnerlichung dieser Grundsätze, die in Form der Entwicklung seit 1797 als übernationaler Menschenrechtskonstitutionalismus zum Ausdruck kommen.

Mein aufrichtiger Dank gilt Herrn Prof. Dr. Andreas Haratsch für die bedeutende wissenschaftliche Betreuung, für die besondere Ehre der Aufnahme der Arbeit in seine Schriftenreihe im Peter Lang-Verlag sowie für seinen entscheidenden Beitrag zur ihrer Veröffentlichung.

Besonders möchte ich auch Herrn Prof. Dr. Jörg Ennuschat danken, der die Arbeit durch hilfreiche Anregungen und Ratschläge gefördert hat. Bei Frau Kollegin Theresia Hebestreit bedanke ich mich für die sprachliche Durchsicht des Manuskripts.

Beim Peter Lang-Verlag und besonders bei Herrn Dr. Kurt Wallat (Senior Acquisitions Editor), bei Frau Sonja Peschutter (Editorial Assistant) sowie bei all den involvierten Mitarbeitenden bedanke ich mich für Ihre hervorragende verlegerische Betreuung bei der Veröffentlichung der Arbeit.

Ilias I. Sofiotis, Volos im Januar 2017

Inhaltsverzeichnis

Abkürzungsverzeichnis

Anm.	Anmerkung
Abt.	Abteilung
Art.	Artikel
Aufl.	Auflage
Bd.	Band
Bde.	Bände
ca.	circa
d.h.	das heißt
d.i.	das ist
ders.	derselbe
EU	Europäische Union
f., ff.	folgende
Hrsg.	Herausgeber
i.d.F.	in der Fassung
insbes.	insbesondere
Kap.	Kapitel
lit.	Litera
n. Chr.	nach Christus
Nr.	Nummer
Rn.	Randnummer
S.	Seite/Seiten
u.a.	und andere
v. Chr.	vor Christus
v.	vom/von
vgl.	vergleiche
Vol.	Volume
Vorb.	Vorbemerkung
z.B.	zum Beispiel
z.T.	zum Teil

I. Einführung

Die Staatslehre des griechischen Revolutionärs, Aufklärers und Märtyrers Rhigas Velestinlis (Velestino 1757 – Belgrad 1798) stellt ein einzigartiges, aber oft übersehenes Kapitel der europäischen Verfassungsgeschichte dar. Im Jahr 1797 veröffentlichte Rhigas Velestinlis in Wien sein politisches Werk mit dem Titel „Neue Politische Staatsverwaltung",[1] das aus einem Verfassungsentwurf,[2] einer Grundrechtscharta[3] sowie einem revolutionären Marschlied (Thourios)[4] bestand. Rhigas hatte bereits mit seinen übrigen Schriftwerken zur Vorbereitung der Revolution der unterjochten Griechen und der übrigen Balkanvölker, mit dem Ziel ihrer Befreiung vom Osmanischen Reich, beigetragen. Mit dem Werk „Neue Politische Staatsverwaltung" bezweckte er nun aber, ihnen die politischen Grundelemente zu bieten, von denen ausgehend sie nach ihrer Befreiung einen übernationalen, einheitlichen, demokratischen und liberalen Staat entlang der exakten geographischen Grenze des Osmanischen Reichs gründen könnten.

Genau dieses übernationale Element des politischen Denkens von Rhigas ist in verfassungsrechtlicher Hinsicht von besonderer Bedeutung, da er sich durch das Verfassen der „Neuen Politischen Verwaltung" bereits seit dem Ende des 18. Jahrhunderts mit der Entwicklung eines übernationalen Menschenrechtskonstitutionalismus und der Problematik seiner praktischen Umsetzung ausführlich auseinandersetzte. Trotz der innovativen Natur seiner Staatslehre stellt diese einen kaum beachteten Fall von

---

1   *Rhigas Velestinlis*, Neue politische Staatsverwaltung, in deutscher Übersetzung abgedruckt in: Karamberopoulos. (Hrsg.), Rhigas Velestinlis, Die Revolutionsschriften, Athen 2010, S. 61 ff.

2   *Rhigas Velestinlis*, Die Verfassung, in deutscher Übersetzung abgedruckt in: Karamberopoulos. (Hrsg.), Rhigas Velestinlis, Die Revolutionsschriften, Athen 2010, S. 93 ff.

3   *Rhigas Velestinlis*, Die Menschenrechte, in deutscher Übersetzung abgedruckt in: Karamberopoulos. (Hrsg.), Rhigas Velestinlis, Die Revolutionsschriften, Athen 2010, S. 69 ff.

4   *Rhigas Velestinlis*, Thourios, in deutscher Übersetzung abgedruckt in: Karamberopoulos. (Hrsg.), Rhigas Velestinlis, Die Revolutionsschriften, Athen 2010, S. 149 ff.

Menschenrechtskonstitutionalismus dar, mit dessen Studium sich die europäische Verfassungswissenschaft noch nicht besonders ausgiebig beschäftigt hat.

Ziel der vorliegenden Arbeit ist es primär, den demokratischen und liberalen Inhalt sowie die Systematik der Verfassung und der Grundrechtscharta von Rhigas zu beleuchten (unten IV.). Danach folgt die Darstellung
der theoretischen Ursprünge seiner Staatslehre (unten V.), wodurch sich
verdeutlichen lässt, wie Rhigas im Lichte der antiken Staatslehre, der
Naturrechtslehre der Stoiker und des Christentums sowie der Selbstver-
waltungspraxis der griechischen Gemeinden (Koinotismus) die politischen
Vorgaben der Aufklärung, nämlich die der französischen Deklaration der
Menschenrechte (1789) sowie der französischen (jakobinischen) Verfassung
von 1793, modifiziert hatte, um sein eigenes innovatives politisches Werk
eines übernationalen Menschenrechtskonstitutionalismus zu entwickeln
(unten VI.). Abschließend wird auf die Würdigung seiner Staatslehre im
Lichte der Verfassungsgeschichte Griechenlands sowie im Lichte der Entwicklung des heutigen übernationalen Menschenrechtskonstitutionalismus
eingegangen (unten VII.).

II. Biographische Angaben – Lebenswerk

Rhigas Velestinlis wurde 1757 in Velestino geboren, wo sich die Ruinen der antiken Stadt Pherai,[5] von Admetos und von Jason befinden. Während seiner Kindheit musste Rhigas die tyrannische Regierungsgewalt des Osmanischen Reichs wahrnehmen und diese Erfahrung hat seine Erinnerung reichlich geprägt. In einer Fußnote seines Buches „Junger Anacharsis" schreibt Rhigas dazu: „Die häufigen ungerechten Ermordungen von Christen, die heutzutage hierzulande der Fall sind, hätten diese Stadt völlig verwüstet, wenn ihre natürlichen Instinkte ihre Bewohner nicht dazu zwingen würden, alles zu erdulden, um dort zu sterben, wo ihre Vorfahren begraben wurden."[6]

Es ist bis heute historisch unklar, wie lang Rhigas in seiner Geburtsstadt blieb. Von der lokalen Überlieferung und einigen persönlichen Manuskripten aus seiner Jugendzeit ausgehend lässt sich feststellen, dass Rhigas als wissensdurstiger junger Mann in Zagora zur Schule ging. Zagora gehörte zu den 24 Gemeinden von Pilion, die zwar unter der Besatzung des Osmanischen Reichs standen, aber eine selbstverwaltete Gemeinschaft mit wichtigem kulturellen und wirtschaftlichen Leben darstellten. Während seines Aufenthalts in Zagora studierte Rhigas in der berühmten Schule von Zagora die altgriechischen Schriftsteller und kam das erste Mal in seinem Leben mit dem Modell eines selbstverwalteten Verbunds von Gemeinden, das auf den Prinzipien der Autonomie der Gemeinden und einer Solidaritätspflicht untereinander beruhte, in Kontakt. Nach dem Abschluss seines Studiums war Rhigas als Lehrer an der Schule der Gemeinde von Kissos im Osten Pilions beschäftigt.

Im Alter von ca. zwanzig Jahren (ca. 1787) verließ Rhigas Velestino Pilion und suchte den Heiligen Berg (Athos) auf, wo er sich sodann im Vatopaidi Kloster für eine kurze Zeit aufhielt. Der Aufenthalt in Athos gab

---

5 Pheres, nach dem die Stadt benannt worden war, war in der griechischen Mythologie einer der Söhne der Tyro mit König Kretheus von Iolkos. Seine Brüder waren Aison und Anythaon.

6 *Karamberopoulos*, Einführung, in: ders. (Hrsg.), Rhigas Velestinlis, Die Revolutionsschriften, Athen 2010, S. 13 (15).

ihm die Möglichkeit, seinen geistigen Horizont erheblich zu erweitern, da Rhigas aufgrund seiner Freundschaft zum Igomen des Klosters, Kosmas, Zugang zur berühmten Bibliothek der Athonischen Schule gewährt war. Nach diesem kurzen aber im pädagogischen Sinne sehr produktiven Aufenthalt am Heiligen Berg zog Rhigas nach Konstantinopel, wo er Sekretär des Phanarioten Alexandros Ipsilantis (1792–1828) wurde, der zu dieser Zeit als Dolmetscher unter Sultan Abdulhamid I. diente. An der Seite von Ipsilantis setzte Rhigas seine Bildung fort, indem er im Rahmen seiner Tätigkeit für die Dragomanen die deutsche, französische und italienische Sprache lernte. Parallel zu seiner geistigen Fortbildung hatte Rhigas die große Möglichkeit, sein politisches Denken weiter zu entwickeln, denn er hatte von der geheimen politischen und diplomatischen Praxis der Gemeinde der Phanarioten erfahren, die die Fortsetzung der byzantinischen Tradition und die schrittweise interne Zersetzung des Osmanischen Reichs durch die Besetzung von wichtigen Stellen in der Verwaltungshierarchie durch Griechen, und somit die Einrichtung eines unabhängigen griechischen Staates, bezweckte.[7]

---

7   Vgl. *Nicolopoulo*, Notice sur Rhigas, Notice sur la vie et les écrits le Rhigas. L'un des auteurs principaux de la révolution qui a pour but l'independance de la Grèce, in: Revue Encyclopédique 21 (1824), S. 275–280; *Nicolopoulo*, Schets van Rhiga's Leven, in: Jean J. Hisely, Wandeling in Nieuw Griekenland, en Schets van Parga's en Rhiga's Lotgevallen, Den Haag 1825, S. 100–109; *Schott*, Nachricht über Rigas Leben und Schriften, Heidelberg 1825, S. 26; *Fauriel*, Chants populaires de la Grèce moderne, Bd. II, Paris 1825, Hymne de Guerre de Rigas, S. 15–29; *Curtius*, Geschichte der Neu-Griechen, Bd. 2, Leipzig 1828, S. 1–28; *Bolanachi*, Hommes Illustres de la Grèce moderne. Rhigas et Coray, Paris 1875, S. 5–38; *Pantazopoulos*, Rigas Velestinlis. Legend and Reality, Athen 1994, S. 22; *Edmonds*, Rhigas Pheraios, the Protomartyr of Greek Independence. A Biographical Sketch, London 1890, S. 116; *Camariano*, Rhigas Velestinlis: Complètements et corrections concernant sa vie et son activité, in: Revue des études sud-est européennes 18 (1980), S. 687–719; *Ioannou/Ioannou/Mitrou*, Rhigas Velestinlis-Pheraios, in: Bulletin de la société historique Alexandre Soutsos, 17 (2001), S. 127–134; *Woodhouse*, The Proto-Martyr of the Greek Revolution, Limni 1995, S. 180; *Mitrou*, Rhigas Velestinlis, NéoHellène et Proto-martyr, 1757–1798, in: Bulletin de la société historique Alexandre Soutsos 6 (1998), S. 136–137; *Lazăr*, Panorama literaturii neoelene, Bukarest, 2001, S. 456–458; *Nicas*, Rigas Velestinlis Fereos (c. 1757 – 13/24. VI.1798), in: Italohellenikà, rivista di cultura greco-moderna VII (1999–2000),

Etwa im Jahr 1787 ließ sich Rhigas in der Walachei[8] nieder. Dort wurde er anfänglich als Sekretär des Phanarioten und Verwalters des Fürstentums Moldau, Nikolaos Mavrogenis, tätig und später von Mavrogenis als Statthalter von Craiova eingestellt. Die Walachei genoss aufgrund ihrer Nachbarschaft zu Europa und der vorgenannten geheimen politischen und diplomatischen Betätigung der Phanarioten einen gewissen Grad von Freiheit, da viele Griechen oder Philhellenen schon wichtige Verwaltungsstellen besetzten und ein liberales Verwaltungsmodell eingeführt hatten. Während seines Aufenthalts in der Walachei machte Rhigas sich mit der französischen Literatur und Philosophie vertraut, vor allem mit Rousseau und Voltaire. Zur Zeit des Ausbruchs der Französischen Revolution befand Rhigas sich in Bukarest.[9]

Gleichzeitig hatte er die für die Griechen enttäuschenden Ergebnisse des Russisch-Österreichischen Türkenkriegs (1787–1792) erlebt. Die Erwartungen der Griechen an ihre Befreiung vom Osmanischen Reich durch

---

S. 157–166; *Papachristos*, Die deutsch-neugriechische Lexikographie von 1796 bis 1909, Tübingen 1990, S. 48–49; *Perales Oyarzún*, Rigas Fereos, Precursor de la Independencia de Grecia, Santiago, Chile 1990, S. 93; *Castillo Didier*, Dos precursores: Miranda y Rigas. America y Grecia, Santiago, Chile, 1998, S. 208; *Andreopoulos*, Preface, in: Rhigas Velestinlis-Fereos, The Human Rights. Hellenic Declaration of 1797, Athen 1998, S. 43 ff.

8   Die Walachei ist eine historische Region im Süden des heutigen Rumänien. Ausführlich zu den griechischen Gemeinden in der Walachei siehe: *Rafaila*, Rhigas în Principatele Dunărene, în: Academica: Revista de ştiinţă, cultură şi artă 3 (1999), S. 20–21; *Valmarin*, La cultura rumena sotto i principi fanarioti, in: Italoellenikà, rivista di cultura greco-moderna, VII (1999–2000), S. 61–78; *Scalcău*, Grecii din România, Bukarest 2003; *Tolomeo*, Economia e società nei Principati Danubiani alla fine del '700, in: Italoellenikà, rivista di cultura greco-moderna, VII (1999–2000), S. 149–156; *Palmer*, The Age of the Democratic Revolution: A Political History of Europe and America, 1760–1800, Bd. 2, The Struggle, Princeton 1964, S. 173–174, 334–335; *Papacostea-Danielopolu*, Rhigas Velstinlis et les recherches contemporaines, in: Revue des études sud-est-européennes 11 (1973), S. 563 ff.; *Popovici*, La litterature roumaine a l'époque des Lumieres, Sibiu 1945, S. 59–131; *Hitchins*, The Romanians 1774–1866, Oxford 1996, S. 121–140.

9   Vgl. dazu *Guida*, Rigas Velestinlis (Fereos) e i principati di Valacchia e Moldavia, in: Marcheselli Loukas (Hrsg.), Rigas Fereos. La rivoluzione, la Grecia, i Balcani, Triest 1999, S. 37 ff.

den Beitrag der Kräfte Russlands und Österreichs wurden leider durch die Friedensverträge zwischen dem Osmanischen Reich und Russland (Sištov, 4. August 1791) und zwischen dem Osmanischen Reich und Österreich (Jassy, 9. Januar 1792) enttäuscht. Unter diesen Umständen verließ Rhigas schon am 1. Juni 1790 die Walachei und zog nach Wien, wo er anfänglich als Sekretär von Christodulos Kyrlianos von Langenfeld, dem lokalen Führer der ungarischen Walachei, eingestellt wurde.

Während seiner ersten Reise nach Wien und seines sechsmonatigen Aufenthalts dort hatte Rhigas die Möglichkeit, ersten Kontakt zu der griechischen Gemeinschaft Wiens (ungefähr 400.000 Griechen) aufzunehmen, was zur Erweiterung seines bisherigen politischen und ideologischen Denkens erheblich beigetragen hatte. Die Griechen Wiens hatten bereits zahlreiche wirtschaftliche Gesellschaften eingerichtet, deren Funktion auf den Prinzipien der Selbstverwaltung, der Solidarität, des Guten Glaubens und auf Institutionen wie dem Schiedsspruchverfahren beruhte. Die kulturelle und wirtschaftliche Autonomie dieser Gesellschaften war so weit entwickelt, dass die Griechen versucht haben, diesen wirtschaftlichen Gemeinschaften auch einen politischen Charakter zu geben. Dadurch hatten die Griechen aus Wien bereits die Einrichtung eines Kriegsordens unter der Führung von Lambros Katsonis[10] zum Zwecke der Unterstützung des Aufstands der Griechen gegen das Osmanische Reich finanziert. Im diplomatischen Milieu hatten sie während des Russisch-Österreichischen Türkenkriegs (1787–1792) wichtige aber erfolglose politische Initiativen zum Zwecke der diplomatischen Anerkennung durch Russland und des Unabhängigkeitskriegs der Griechen ergriffen.

In Wien hatte Rhigas einen Platz gefunden, sein politisches und revolutionäres Gedankengut in Anlehnung an die Vorgaben der Grundsätze der Französischen Revolution frei zu gestalten und seinen Revolutionsplan zu entwerfen. Seine oberste Priorität war die Popularisierung der neuen Grundsätze zum Zwecke der geistigen Aufklärung der Griechen. In diese

---

10 Lambros Katsonis (*1752 in Livadia; †1804 in Moskau) war ein griechischer Freiheitskämpfer und Admiral. Lambros Katsonis gehört auch zu den Wegbereitern der griechischen Revolution. Ausführlich zum Lebenswerk von Lambros Katsonis siehe *Pryakhin*, Lambros Katsonis in the history of Greece and Russia, St. Petersburg 2004.

Richtung machte Rhigas sich in der griechischen Literatur in Wien im Jahre 1790 mit seinen ersten zwei Büchern – einem Roman mit dem Titel „Die Schule der empfindlichen Liebhaber" und einem wissenschaftlichen Buch „Die Anthologie der Physik" – erstmals bemerkbar.

Nach diesem kurzen, jedoch sehr produktiven Aufenthalt in Wien kehrte Rhigas noch einmal in die Walachei zurück, wo er von 1791 bis 1796 als Handelsmann tätig war und parallel dazu nach divergierenden Auffassungen entweder als Sekretär von Michael Soutsos (1791–1792), dem damaligen Verwalter des Fürstentums Walachei, oder als Übersetzer bei der französischen Botschaft in der Walachei beschäftigt gewesen sein soll.[11] Der Aufenthalt von Rhigas in der Walachei war eine Zeit des Bildens und der Modifizierung seiner politischen Orientierung. Das für die Griechen enttäuschende Ende des Russisch-Österreichischen Türkenkriegs (1787–1792) hatte zur Folge, dass sie ihre Hoffnungen auf Unterstützung ihres Befreiungskampfes an Frankreich richteten, wo die klassische altgriechische demokratische Tradition in der politischen Praxis nach der Französischen Revolution zunächst erfolgreich umgesetzt wurde. Rhigas hat jedoch von der vorgenannten unter den Griechen weit verbreiteten Erwartung Abstand genommen, indem er sich bewusst gemacht hat, dass die Beseitigung der Herrschaft des Osmanischen Reichs von keiner externen Hilfe abhängig zu machen war. Hingegen war Rhigas davon überzeugt, dass sich die Griechen sowohl beim Ergreifen der Initiative zur Erklärung der Revolution als auch bei der Durchführung des Freiheitskampfes auf ihre eigenen Kräfte stützen sollten. Die ersehnte Befreiung vom Osmanischen Reich sollten sie selbst herbeiführen, ohne Hilfe von Ausländern zu erwarten. Die politische Erfahrung sowie das wirtschaftliche Wachstum der griechischen Gemeinden von Konstantinopel, der Walachei und von Österreich stellten nach Rhigas einen besonders dynamischen Hoffnungsfaktor für die erfolgreiche Durchführung des Freiheitskampfes dar.

Davon ausgehend reiste Rhigas im Jahre 1796 noch einmal nach Wien, entschlossen dazu, seinen Revolutionsplan in die Tat umzusetzen. Zum Zwecke der geistigen Aufklärung der Griechen setzte Rhigas sein Schriftwerk

---

11 *Stoianovitsch*, Balkan Worlds: The First and Last Europe, Armonk, NY 1994, S. 172 ff.

fort. Im Anschluss an seine frühen wissenschaftlichen Schriftwerke von
1790, die der Popularisierung seiner progressiven Idee dienten, hat Rhigas,
von der pädagogischen Rolle des Theaters und der Kunst ausgehend, zwei
Theaterstücke, nämlich „La Bergère des Alpes" von Marmontel (1723–
1799)[12] und „L'Olimpiade" des Italieners Metastasio (1698–1782),[13] sowie
das revolutionäre Lied „Thourios" übersetzt und gedruckt. Zusätzlich übersetzte Rhigas den größten Teil des vierten Bandes von „Voyage du jeune
Anacharsis en Grèce", einem Werk des französischen Schriftstellers Barthélemy (1716–1795),[14] und ließ es 1797 drucken. Dadurch bezweckte Rhigas, wie im Folgenden dargestellt wird, die Moral der Griechen zu stärken
und die Hingebung der Griechen zu ihrer Heimat zum Ausdruck bringen.
Parallel zur geistigen Bekräftigung sorgte Rhigas auch für das militärische
Training der Griechen und übersetzte und druckte zu diesem Zwecke das
Militärhandbuch des Feldmarschalls von Khevenhüller (1683–1744).[15]

Die Schriftwerke von Rhigas waren aber nicht nur auf die Motiva-
tion zum Beginn eines Unabhängigkeitskrieges und dessen Durchführung
beschränkt. Rhigas sorgte durch seine Schriften vorrangig auch für die politische Legalisierung des Freiheitskampfes und für das Fertigstellen des institutionellen Fundamentes eines neuen demokratischen Staates, nämlich der

---

12 *Jean-FranɲoisMarmontel*, La Bergère des Alpes, Paris 1766.
13 *PietroMetastasio*, L'Olimpiade, Wien 1733. Vgl. *Camariano*, Quelques précisions au sujet de la traduction du drame „L'Olympiade" de Metastasio, faite par
Rhigas Velestinlis, in: Revue des études sud-est européennes 3 (1965), S. 291–
296.
14 *Jean-Jacques Barthélemy*, Voyage du jeune Anacharsis en Grèce, 4 Bde., Paris
1788. Anacharsis, ein skythischer Nomadenprinz, begegnet uns zum ersten Mal
bei Herodot. Um das Jahr 592 v. Chr. verlässt er seine Heimat und kommt wohl
noch im gleichen Jahr nach Athen. Dort knüpft er nicht nur Kontakte zum
Gesetzgeber Solon, sondern ihm wurde auch die seltene Ehre zuteil, das athenische Bürgerrecht zu erhalten. Doch Anacharsis hielt sich nicht nur in Athen
auf, sondern er bereiste weite Teile der griechischen Welt, um die griechische
Kultur kennenzulernen, aber auch um sein eigenes Wissen weiterzugeben. Vgl.
García Gálvez, El viaje del joven Anacarsis a la Grecia moderna según Rigas
de Velestino, in: Oliver/Curell/Uriarte/Pico (Hrsg.), Escrituras y reescrituras del
viaje. Miradas plurales a través del tiempo y de las culturas, Bern u.a. 2007,
S. 197–210.
15 *Ludwig Andreas vonKhevenhüller*, Kurtzer Begriff aller militärischen Operationen, Wien 1738.

„Hellenischen Demokratie". Zu diesem Zwecke ließ Rhigas im Jahre 1797 in der Druckerei der Brüder Poulios in Wien seine Schrift „Neue Politische Staatsverwaltung" drucken, eine Proklamation, in der die Rechtmäßigkeit des bewaffneten Aufstands gegen die absolutistische Regierungsgewalt des Sultans zum Ausdruck gebracht werden sollte. Darüber hinaus enthielt seine politische Proklamation einen Verfassungsentwurf, eine Grundrechtscharta sowie eine Karte des neuen Staates, sodass die aufständischen Griechen und die anderen Balkanvölker einen fertigen Plan hatten, mit dem der neue Staat, der die osmanische absolutistische Herrschaft ablösen würde, demokratisch regiert werden könnte.

Im Jahre 1798 reiste Rhigas nach Triest, wo er kurz nach seiner Ankunft festgenommen wurde[16]. Anschließend wurde er von den Österreichern dem türkischen Gouverneur von Belgrad übergeben. Am 24 Juni 1798 wurden Rhigas und seine sieben Gefährten in der Belgrader Burg Nebojša an der Donau erdrosselt.

---

16 *Legrand*, Documents inèdits concernant Rhigas Velestinlis et ses compagnons de martyre, tires des Archives de Vienne en Autriche, Paris 1892, S. 52 ff.; Vgl. weiter *Katsiardì Hering*, L' impresa al di sopra di tutto: parametri economici del martirio di Riga, in: Marcheselli Loukas (Hrsg.), Rigas Fereos, La rivoluzione, la Grecia, i Balcani, Triest 1999, S. 59 ff.

III. Schriftwerke – Systematische Übersicht

Die Schriftwerke von Rhigas Velestinlis lassen sich in Bezug auf ihre Zielrichtung in zwei Kategorien einteilen: in seine Schriftwerke, die a) der Vorbereitung der Revolution gegen die osmanische Herrschaft dienten (unten 1) und b) die Gründung einer „Neuen Politischen Verwaltung" anstelle der absolutistischen Regierungsgewalt des Osmanischen Reiches bezweckten, die Rhigas als „Hellenische Demokratie" bezeichnet hatte (unten 2).

1. Schriftwerke zur Vorbereitung der Revolution

Die Revolutionsschriften von Rhigas Velestinlis hatten eine dreifache Zielsetzung und zwar die geistige Aufklärung der Griechen (unten a), ihre Moralstärkung (unten b) und ihre militärische Ausbildung (unten c), damit sie sich gegen die osmanische Herrschaft erheben konnten.

a) Schriftwerke zur geistigen Aufklärung

Rhigas Velestinlis setzte als seine erste Priorität und Voraussetzung für die Umsetzung seines Revolutionsplanes die geistige Aufklärung und Ausbildung der unterjochten Griechen, insbesondere die Bekämpfung der metaphysischen Legitimierung der Herrschaft des Osmanischen Reichs und der damit verbundenen Vorurteile und Aberglauben, fest. Zu diesem Zweck hat Rhigas im Jahr 1790 seine Schriftwerke „Schule der empfindlichen Liebhaber" und „Anthologie der Physik" veröffentlicht.[17]

Die „Schule der empfindlichen Liebhaber" stellt zwar einen Roman[18] dar, bietet jedoch ein eindrucksvolles Beispiel des innovativen soziologischen Denkens von Rhigas Velestinlis, indem er sich in diesem Buch dem Gebrauch von Adelstiteln, der damals üblich war, widersetzt und dadurch die in der altgriechischen Philosophie verwurzelte Gleichheit aller Menschen zum Ausdruck bringt. Rhigas schreibt: „Die wahre Vornehmheit ist

---

17 Vgl. *Tambaki*, Il politico delle traduzioni di Rigas nell'ambito dell'Illuminismo neogreco, in: Marcheselli Loukas (Hrsg.), Rigas Fereos. La rivoluzione, la Grecia, i Balcani, Triest 1999, S. 82 ff.
18 Dieser wird als das erste Buch seiner Art im griechischen Raum betrachtet.

verwurzelt im menschlichen Wesen selbst und nicht in den prahlerischen Titeln der Vorfahren (deren sich manche Menschen rühmen, als wären sie vom Himmel heruntergefallen). Wenn man sie aber genauer betrachtet, findet man, dass sie entweder wahnsinnig oder Vollidioten sind".[19]

Über sein soziologisches Denken hinaus hat Rhigas mit seinem zweiten Schriftwerk, „Anthologie der Physik", angestrebt, die Griechen auf eine auf wissenschaftlichen Kriterien beruhende Denkweise aufmerksam zu machen und seiner Zeit verbreitete Vorurteile und den Aberglauben zu bekämpfen. Von der französischen Enzyklopädie von Diderot (1713–1784) und D'Alembert (1751–1776)[20] ausgehend vermittelt Rhigas durch sein vorgenanntes Buch den Griechen vielseitige wissenschaftliche Erkenntnisse. Er schreibt seine Texte in einem einfachen Griechisch, sodass alle sie verstehen und nutzen können. Er bemerkt charakteristisch: „Da ich mir zum Ziel gesetzt hatte, mich meinem Volk nützlich zu erweisen, und nicht durch die Anhäufung von Wörtern meine Kenntnisse zu demonstrieren, musste ich den Inhalt dieses Werkes möglichst klar darstellen, damit alle ein paar Kenntnisse von der schwerverständlichen Physik erlangen konnten".[21]

Wie schon ausgeführt, stellte die durch die zwei vorgenannten Schriftwerken angestrebte geistige Aufklärung der Griechen den ersten Schritt zum Zwecke der Umsetzung seines Revolutionsplanes dar. Sein Ziel war – in seinen eigenen Worten – „das sich in Verfall befindende griechische Geschlecht auf seinen früheren Stand im Erziehungswesen und in der Bildung zu befördern".[22]

Die Umsetzung der vorgenannten Vision Rhigas' konnte aber nicht nur durch die geistige Aufklärung erfolgen. Rhigas war ein Realist, der es sich

---

19 *Karamberopoulos*, Einführung, in: ders. (Hrsg.), Rhigas Velestinlis, Die Revolutionsschriften, Athen 2010, S. 13 (19); vgl. weiter *Thomopoulos*, L'original de l'*École des amants delicats* de Rhigas Velestinlis, in: Byzantinisch-Neugriechische Jahrbücher, Bd. 18 (1945–49), S. 1028 ff.

20 *Denis Diderot/Jean-Baptiste le Rond D'Alembert* (Hrsg.), Encyclopédie ou Dictionnaire raisonné des sciences, des arts et des métiers, 35 Bde., Paris 1751–1780.

21 *Karamberopoulos*, Einführung, in: ders. (Hrsg.), Rhigas Velestinlis, Die Revolutionsschriften, Athen 2010, S. 13 (21).

22 *Karamberopoulos*, Einführung, in: ders. (Hrsg.), Rhigas Velestinlis, Die Revolutionsschriften, Athen 2010, S. 13(21).

bewusst gemacht hatte, dass die Durchsetzung seines Revolutionsplanes von der erfolgreichen Durchführung eines militärischen Kampfes abhängt. Zum Zwecke einer effizienten militärischen Ausbildung der Aufständischen übersetzte er vor seiner Ankunft in Griechenland ein Handbuch des bekannten österreichischen Feldmarschalls von Khevenhüller (1683–1744) mit dem Titel „Kurtzer Begriff aller militärischen Operationen",[23] wodurch militärische Grundkenntnisse vermittelt werden konnten. Dies sollte zur Einweihung der Aufständischen in die Kriegskunst dienen. Daneben sollte das Exerzieren nach den Anweisungen des berühmten europäischen Generals dazu dienen, einen psychologischen Einfluss auf die Aufständischen auszuüben. In Bezug auf die militärische Strategie von Rhigas schreibt Dimitrios Karamberopoulos Folgendes: „Er hatte vorausgeplant, dass der Ausbruch seiner Revolution von den bewaffneten griechischen Völkerschaften, den Mainoten und den Soulioten, initiiert wird. Nach seiner Ankunft in Griechenland würde er nämlich nach Mani weitergehen, um die Revolution vom Peloponnes anzuzetteln. Anschließend würde er den Anweisungen des militärischen Handbuchs von von Khevenhüller zufolge zu den Soulioten weitergehen und seine Bewegung in einer pfeilförmigen Form in den übrigen Gegenden Griechenlands und des Balkans ausbreiten".[24]

b) Schriftwerke zur Moralstärkung

Parallel zur geistigen Aufklärung der unterjochten Griechen war ihre Moralstärkung ebenfalls einer der wichtigsten Faktoren einer gelungenen Umsetzung seiner revolutionären Pläne. Zu diesem Zweck hatte Rhigas angestrebt, seine Landsleute auf das Vermächtnis der Antike aufmerksam

---

23 *Ludwig Andreas von Khevenhüller*, Kurtzer Begriff aller militärischen Operationen, Wien 1738.

24 *Karamberopoulos*, Einführung, in: ders. (Hrsg.), Rhigas Velestinlis, Die Revolutionsschriften, Athen 2010, S. 13 (51). Über die Ausgabe des vorgenannten militärischen Handbuchs an die Aufständischen hinaus hatte Rhigas zur Durchsetzung seiner militärischen Pläne seine musikalischen Fähigkeiten hinzugezogen, indem er noch zwei Kampflieder nach Vorbild der französischen „Carmagnole" und dem deutschen „Freut euch des Lebens" komponierte. Vgl. weiter *Karamberopoulos*, La figura revolucionaria de Rigas Velestinlis, in: Estudios Neogriegos, Boletín de la Sociedad Hispanica de Estudios Neogriegos, Nr. 4–5, Granada 2002, S. 133–145.

zu machen, insbesondere auf die Größe der altgriechischen Stadtstaaten, auf ihre finanzielle und politische Kraft sowie auf die Tapferkeit ihrer Vorfahren. Damit bezweckte Rhigas erstens, die entsprechenden Gefühle der Griechen hervorzurufen, die eine Voraussetzung für die Stärkung ihres revolutionären Elans waren, und zweitens, es ihnen klar zu machen, dass sie ihre Befreiung selbst erlangen sollten, ohne Hilfe von Ausländern zu erwarten.

Rhigas setzte auch das Verfassen von Büchern fort und veröffentlichte im Jahr 1797 das Buch „Junger Anacharsis". Darüber hinaus machte er zu einer möglichst weiten Verbreitung seiner revolutionären Ideen Gebrauch von bestimmten Kommunikationsmitteln, nämlich von Theater, Bildern und Musik. Rhigas übersetzte zwei Theaterstücke, druckte das Bild von Alexander dem Großen sowie die Karte von Griechenland und komponierte ein revolutionäres Marschlied, die Hymne (Thourios).[25]

Insbesondere die Übersetzung des größten Teils des vierten Bandes von „Voyage du jeune Anacharsis en Grèce"[26], einem Werk des französischen Schriftstellers Jean-Jacques Barthélemy (1716–1795), war darauf gerichtet, durch die Beschreibung der Reise von Anacharsis durch die Antike

---

25 Ausführlich dazu siehe: *Rosenthal-Kamarinea*, Einflüsse Kallinos und Turtaios auf den Thurios des Rigas, in: Folia Neohellenika 2 (1977), S. 127–136; *Lazăr*, Capodopere ale literaturii neoelene. mic dicţionar, Bukarest, 2003, S. 5–61; vgl. weiter *Irmscher*, Rigas Velestinlis (1757–1798) und die Französische Revolution, in: Kossok/Kross (Hrsg.), 1789 – Weltwirkung einer großen Revolution, Bd. 2, Berlin 1989, S. 514–519; *Irmscher*, Zur „Kriegshymne" des Rhigas Velestinlis, in: Bernhard (Hrsg.), Mélanges offerts à Kazimierz Michałowski, Warschau 1966, S. 477 ff.; *Karathanasis*, L'opera letteraria di Rigas Velestinlis, in: Italoellenikà, rivista di cultura greco-moderna, VII (1999–2000), S. 79 ff.

26 *Jean-Jacques Barthélemy*, Voyage du jeune Anacharsis en Grèce, 4 Bde., Paris 1788. Anacharsis, ein skythischer Nomadenprinz, begegnet uns zum ersten Mal bei Herodot. Um das Jahr 592 v. Chr. verlässt er seine Heimat und kommt wohl noch im gleichen Jahr nach Athen. Dort knüpft er nicht nur Kontakte zum Gesetzgeber Solon, sondern ihm wurde auch die seltene Ehre zuteil, das athenische Bürgerrecht zu erhalten. Doch Anacharsis hielt sich nicht nur in Athen auf, sondern er bereiste weite Teile der griechischen Welt, um die griechische Kultur kennenzulernen, aber auch um sein eigenes Wissen weiterzugeben. Vgl. *García Gálvez*, El viaje del joven Anacarsis a la Grecia moderna según Rigas de Velestino, in: Oliver/Curell/Uriarte/Pico (Hrsg.), Escrituras y reescrituras del viaje. Miradas plurales a través del tiempo y de las culturas, Bern u.a. 2007, S. 197–210.

Griechenlands und die Beschreibung seiner Anmerkungen zur antiken griechischen Kultur den Freiheitsgeist der Griechen anzustacheln. Zu diesem Zwecke wurde diese Ausgabe durch viele Fußnoten und Bemerkungen bereichert, in denen von dem alten Ruhm der Griechen und von ihrer noblen Abstammung die Rede ist.

Zur weiteren Verstärkung des Sehnsuchtsgefühls der Griechen nach ihrer glorreichen Vergangenheit und im völligen Bewusstsein der pädagogischen Rolle des Theaters hat Rhigas im Jahr 1797 zwei Theaterstücke übersetzt und gedruckt, nämlich „L'Olimpiade"[27] und „La Bergère des Alpes".[28] Im Stück „L'Olimpiade", in dem er die Sportarten der Olympischen Spiele des Altertums aufzählt, fügt er die wichtige Information hinzu, dass einige von diesen Sportarten noch zu seiner Zeit in Thessalien und in ganz Griechenland erhalten geblieben sind, wodurch er die direkte historische Verbundenheit der derzeitigen Kultur mit der antiken Kultur zum Ausdruck brachte. Besonders erwähnenswert ist, dass Rhigas sogar die Gelegenheit gefunden hat, in beiden Theaterstücken seine Freiheits- bzw. Revolutionsbotschaft zum Ausdruck zu bringen. In „L'Olimpiade" hat er das Wort „Freiheit" besonders hervorgehoben, dem er dort einen gewissen revolutionären Inhalt verlieh. Im gleichen Sinne schreibt er in der Ausgabe des zweiten Theaterstücks „Die Alpenhirtin": „Die heilige Heimatliebe wohnt dem Herzen inne und das Herz altert niemals".[29] Dadurch wird seine Absicht, die Hingebung der Griechen zu ihrer Heimat zum Ausdruck zu bringen, besonders deutlich.

Rhigas führte die Umsetzung seines Revolutionsplans mit dem Druck des Bildes von Alexander dem Großen, umgeben von seinen vier Generälen Antigonos, Seleukos, Kassandros und Ptolemeos, fort. Außer den vier Abbildungen werden dabei die Errungenschaften von Alexander dem Großen dargestellt. Insbesondere werden a) sein triumphierender Eintritt in Babylon, b) die Flucht der Perser in der Schlacht am Fluss Granikos,

---

27 *Pietro Metastasio* (1698–1782), L'Olimpiade, Wien 1733. Vgl. *Camariano*, Quelques précisions au sujet de la traduction du drame „L'Olympiade" de Metastasio, faite par Rhigas Velestinlis, in: Revue des études sud-est européennes 3 (1965), S. 291–296.

28 *Jean-Franҫois Marmontel* (1723–1799), La Bergère des Alpes, Paris 1766.

29 *Karamberopoulos*, Einführung, in: ders. (Hrsg.), Rhigas Velestinlis, Die Revolutionsschriften, Athen 2010, S. 13 (23).

c) die Niederlage von Darius und d) die Familie dieses geschlagenen Königs zu Füßen Alexanders des Großen abgebildet. Wie auch mit seinen übrigen Werken beabsichtigte Rhigas mit dem Druck der vorgenannten Bilder, den Griechen den Gegensatz zwischen dem alten und dem heutigen Zustand ihrer Heimat darzustellen, was ihre Entschlossenheit bekräftigen sollte, sich gegen die osmanische Herrschaft zu erheben.[30]

Ein weiteres bedeutendes Mittel zur Förderung seiner Ziele war der Druck der „Karte von Griechenland". Die Karte besteht aus zwölf Blättern, die, an der richtigen Stelle verbunden, eine große Karte von Griechenland und des Balkanraums bilden. Sie stellte im Grunde genommen eine politische Karte seines Staates („Hellenische Demokratie") dar, auf der sich auch die Grenzen und die politische Unterteilung in Verwaltungsbezirke und Präfekturen erkennen ließen.[31]

Aus symbolischen Gründen begann Rhigas die Herausgabe der Karte (Wien, 1796) mit dem Entwurf von Konstantinopel, der auf dem ersten Blatt zu sehen ist und auf dem sechs Münzen abgebildet werden. Drei davon stammen aus der Antike und drei aus der byzantinischen Zeit. Dadurch wollte er die Kontinuität des Griechentums verdeutlichen. Einen besonders zu erwähnenden Symbolismus der Karte stellt auch die Abbildung des schlafenden Löwen dar, auf dessen Rücken die Symbole der Regierungsgewalt des Sultans zu sehen sind, während zu dessen Füßen die Keule von Herkules liegt. Dimitrios Karamberopoulos schreibt: „die ‚Keule von Herkules' stellt ein wichtiges Element des revolutionären Gedankenguts von Rhigas dar, das jahrhundertelang seine symbolische Dynamik behalten hat, während sich die gegnerische Kräfteordnung völlig geändert hat. Zunächst gab es die persische Doppelaxt und dann die osmanische mit dem Halbmond. Durch diese Darstellung auf der Karte verleiht Rhigas der Keule von Herkules eine zeitlose Bedeutung. Dadurch wird nämlich nicht nur die altgriechische

---

30 Vgl. *Stavridi Patrikiu*, Rigas e l'uso dei simboli, in: Marcheselli Loukas (Hrsg.), Rigas Fereos. La rivoluzione, la Grecia, i Balcani, Triest 1999, S. 29 ff.

31 *Guiomar/Lorain*, La carte de Grèce de Rhigas et le nom de la Grèce, in: Annales historiques de la Révolution française, 2000, Nr. 1, S. 101–125; *von Engel*, Geschichte des Ungrischen Reiches und seiner Nebenländer, Halle 1797, S. 473; *Ubicini*, La Grande Carte de la Grèce par Rhigas, in: Revue de Géographie, 1881, Bd. VIII, S. 241 ff., und Bd. IX, S. 9 ff.

Kraft charakterisiert, sondern vielmehr wird deren Bedeutung bis zu seiner Zeit erstreckt. Aus diesem Grund wird in seiner Verfassung als Symbol des Staates eine dreifarbige Fahne mit der Keule von Herkules adaptiert".[32]

Das letzte Kommunikationsmittel, von dem Rhigas zur Übermittlung seiner Revolutionsbotschaft Gebrauch machte, war die Musik, indem er ein revolutionäres Marschlied (Thourios) komponierte. Zentrale Stellung in diesem musikalischen Werk nimmt der Begriff der Freiheit ein, den Rhigas an vielen Stellen des Liedes nutzt, um ihre Bedeutung als das wichtigste menschliche Gut zu verdeutlichen. Rhigas schreibt ausdrucksvoll in Thourios: „Lieber eine Stunde lang in Freiheit leben, als vierzig Jahre hindurch in Knechtschaft und Gefangenschaft".[33] Rhigas verkündet, so Dimitrios Karamberopoulos, dass „eine Stunde in Freiheit mehr Wert hat als vierzig Jahre, die man in Knechtschaft oder Gefangenschaft verbringt. Dadurch kommt seine Erfahrung zum Ausdruck, die er als Vierzigjähriger gemacht hatte sowie die ganze Tyrannei und Verbitterung, die jahrhundertelang den Griechen widerfahren ist".[34]

2. Schriftwerke zur Gründung einer „Neuen Politischen Staatsverwaltung", der Hellenischen Demokratie

Nach der Umsetzung seines Revolutionsplanes beabsichtigte Rhigas, in Anlehnung an die Vorgaben des alten Athens und der Französischen Revolution, an der Stelle des Osmanischen Reichs eine „Neue Politische Staatsverwaltung", die Hellenische Demokratie, zu schaffen. Diese würde sich auf Grundlage einer demokratischen Verfassung durchsetzen, in der den Menschenrechten eine zentrale Bedeutung zukommt.

Zum Zwecke der effizienten Durchführung seines Planes zur Gründung seines neuen Staates hatte Rhigas zwei Zielrichtungen unterschieden. Erstens hatte er die Legalisierung bzw. die politische Anerkennung der anderen Nationen des bewaffneten Aufstandes gegen die absolutistische

---

32 *Karamberopoulos*, Einführung, in: ders. (Hrsg.), Rhigas Velestinlis, Die Revolutionsschriften, Athen 2010, S. 13 (33).
33 *Karamberopoulos*, Einführung, in: ders. (Hrsg.), Rhigas Velestinlis, Die Revolutionsschriften, Athen 2010, S. 13 (37).
34 *Karamberopoulos*, Einführung, in: ders. (Hrsg.), Rhigas Velestinlis, Die Revolutionsschriften, Athen 2010, S. 13 (37).

Regierungsgewalt des Osmanischen Reichs und zweitens die Institutionalisierung des neuen Staates angestrebt. Dazu hatte Rhigas schon vor dem
Ausbruch der Revolution sein politisches Schriftwerk „Neue Politische
Staatsverwaltung" verfasst, welches sich aus einer Revolutionsproklamation, einem Verfassungsentwurf und einem Grundrechtskatalog zusammensetzt.

Die Proklamation von Rhigas stellte eine innovativ ausgearbeitete Version der französischen Deklaration vom 24. Juli 1793 dar, die aus 35 Artikel
unter dem Titel „Menschenrechte" bestand. Dadurch bezweckte Rhigas,
wie Dimitrios Karamberopoulos kommentiert: „die Basis für die Legalisierung seiner Bewegung geschaffen werden, was ihm ermöglichen würde,
sofort die anderen Nationen um eine politische Anerkennung anzusuchen.
Diese Vorgehensweise von Rhigas deutet auf seine Fähigkeit hin, vorauszu-
planen und seine Revolution gründlich vorzubereiten, bei deren Ausbruch
er dafür gesorgt hatte, dass sie sowohl politisch als auch juristisch gerecht-
fertigt werden sollte".[35]

Über die vorgenannte Proklamation hinaus kommt der politische Scharfsinn Rhigas' weiterhin durch das Verfassen seines Verfassungsentwurfes
und des zugehörigen Grundrechtskataloges zum Ausdruck. Seine Grundrechtsverfassung – wie im Folgenden dargestellt wird – stellte eine innovativ
ausgearbeitete Version der französisch-jakobinischen Verfassung von 1793
(Acte Constitutionell)[36] dar, die von Rhigas an die kulturellen, soziologischen und politischen Besonderheiten des Balkanraums angepasst wurde.[37]
Grundstein der demokratischen Verfassung und Bedingung ihrer effizienten
Umsetzung war die Gewährleistung der Grundrechte des Menschen. In diesem Sinne schreibt Rhigas im Vorwort seines Grundrechtskatalogs: „Daher

---

35 *Karamberopoulos*, Einführung, in: ders. (Hrsg.), Rhigas Velestinlis, Die Revolutionsschriften, Athen 2010, S. 13 (43 ff.).

36 Siehe dazu: *Lefebvre*, The French Revolution, Vol. 2: From 1793 to 1799,
New York 1964, S. 39 ff.

37 Siehe dazu: *Dascalakis*, Rhigas Velestinlis. La Révolution française et les préludes de l'independance héllenique, Paris 1937, S. 230; *Irmscher*, Rigas Velestinlis (1757–1798) und die Französische Revolution, in: Kossok/Kross (Hrsg.),
1789 – Weltwirkung einer großen Revolution, Bd. 2, Berlin 1989, S. 514–519;
Godechot, Les Institutions de la France sous la Révolution et l'Empire, Paris
1968, S. 273 ff.

wird die folgende öffentliche Erklärung der kostbaren Rechte des Menschen und des freien Bewohners des Reiches feierlich verkündet, damit alle Einwohner immer die Taten der Regierung mit dem Ziel der sozialen Institutionen mit wachsamen Auge vergleichen können, damit sie, nachdem sie sich mit Mut von dem niederträchtigen Joch des Despotismus befreit und die kostbare Freiheit ihrer glorreichen Ahnen zu eigen gemacht haben, zukünftig nie zulassen, als Sklaven von der unmenschlichen Tyrannei niedergetreten zu werden, damit jeder die Grundlagen seiner Freiheit, seiner Sicherheit und seines Glücks wie einen glänzenden Spiegel vor seinen Augen hat, damit die Richter am deutlichsten wissen, welches ihre unablässige Pflicht gegenüber den freien Bürgern ist, wenn sie sie urteilen, und damit die Gesetzgeber und die höchsten Amtsträger die aufrichtigste Grundregel kennen, gemäß der ihr Beruf geregelt ist und aufgrund der ihr Beruf auf die Glückseligkeit der Bürger ausgerichtet werden muss".[38]

---

38 *Rhigas Velestinlis*, Proklamation der Revolution, abgedruckt in: Karamberopoulos (Hrsg.), Rhigas Velestinlis, Die Revolutionsschriften, Athen 2010, S. 59 (65).

IV. Die Verfassung von Rhigas Velestinlis

Die Verfassung von Rhigas Velestinlis stellte den institutionellen Grundstein seines Planes zur Gründung eines neuen demokratischen Staates im Balkanraum an der Stelle des absolutistischen Osmanischen Reichs, nämlich der Hellenischen Demokratie, dar. Wie bereits ausgeführt, hatte Rhigas zum Zwecke der Institutionalisierung der Griechischen Demokratie sein politisches Werk unter dem Titel „Neue Politische Staatsverwaltung" veröffentlicht, welches aus einer Revolutionsproklamation, einem Verfassungsentwurf und einem Grundrechtskatalog bestand. Insbesondere bestand die Verfassung aus zwei Teilen, nämlich aus den Staatsorganisationsvorschriften („Stufenfolge der Gesetzgebungsangelegenheit – die Seele der Staatsregierung") und aus dem Grundrechtskatalog („Die Rechte der Menschen"). Beide werden zunächst (unten Teil 2 und 3 entsprechend) im Einzelnen dargestellt. Vorher ist auf die Darstellung der Staatsform der Griechischen Demokratie einzugehen, wie sie Rhigas sich ausgemalt hatte (unten 1).

1. Die Staatsform der Hellenischen Demokratie

Die Befreiung der Griechen und der übrigen Balkanvölker vom absolutistischen Osmanischen Reich war im politischen Werk Rhigas' mit der Einrichtung eines demokratischen Staates, der „Hellenischen Demokratie", unzertrennlich verbunden. Dadurch lässt sich die tiefe Verwurzelung der neugriechischen Staatslehre in dem Verbund zwischen Freiheit und Konstitutionalismus erkennen, der seit der Zeit von Locke und Montesquieu die Eckpunkte der europäischen politischen Theorie der Aufklärung darstellte.

Die Verfassung von Rhigas stellt die Vorgeschichte des neugriechischen Konstitutionalismus dar, die a) die das kreative Aufgreifen der Vorgabe der Demokratie des alten Athens sowie der Französischen Revolution und b) ihre innovative Verarbeitung und Wiedergabe im Verfassungsentwurf von Rhigas widerspiegelt. Von dem Titel des „neuen Staates" ausgehend, können die Merkmale der Griechischen Demokratie wie folgt systematisiert werden: der neue Staat von Rhigas war 1. griechisch (unten a), 2. demokratisch, liberal (unten b) und 3. übernational und einheitlich (unten c).

a) Die griechische Natur des Staates von Rhigas

Die griechische Natur des Staates von Rhigas ergibt sich aus zahlreichen Vorschriften seiner Grundrechtsverfassung. Rhigas nennt seinen neuen Staat „Hellenische Demokratie", führt die griechische Sprache als die offizielle Sprache des neuen Staates ein[39] und macht von dem Begriff „Griechen" kontinuierlich Gebrauch in all den Vorschriften seines Verfassungsentwurfs sowie seiner Proklamation der Revolution.

Die sich daraus ergebende Wahl der griechischen Natur des neuen Staates war auf keinen Fall eine zufällige Entscheidung von Rhigas, sondern sie entsprach der historischen Realität in Südosteuropa Ende des achtzehnten Jahrhunderts. Die Griechen verfügten in dieser Zeit über zahlreiche Gemeinschaften überall im Balkanraum, in Zentraleuropa, in Kleinasien sowie in Südrussland. Am Ende des achtzehnten Jahrhunderts stand die wirtschaftliche und kulturelle Entwicklung dieser griechischen Gemeinschaften außer Frage. In der großen Mehrheit waren die Schulen und Druckereien griechisch und die meisten Bücher wurden auf Griechisch verfasst und abgedruckt. Darüber hinaus wurde das Wort „Grieche" in den slawischen Sprachen als Synonym für gebildete Menschen und für Menschen, die sich mit dem Handel beschäftigten und über ein besonderes finanzielles Wachstum verfügten, benutzt. Davon ausgehend hatte Rhigas sich bewusst gemacht, dass die effiziente Umsetzung seiner Revolutionspläne sowie seiner Pläne zur Einrichtung eines demokratischen und liberalen Staates davon abhing, all die unterjochten Völker des Osmanischen Reichs durch die Hilfe und den Beistand der Griechen mit den westeuropäischen demokratischen und

---

39 Rhigas schreibt dazu in Art. 53 seines Verfassungsentwurfs: „Alle Gesetze und Verordnungen werden in der griechischen Umgangssprache, als der verständlichsten und leichtesten, abgefasst, damit sie von allen in dem Reiche befindlichen Völkern gelernt werden; ebenso alle Schriften der gerichtlichen und anderer öffentlichen Verhandlungen.", vgl. *Rhigas Velestinlis*, Die Verfassung (Anm. 2), S. 93 (117). Die Lehre der griechischen Sprache ist obligatorisch für all die Bürger der Hellenischen Demokratie. Gleichzeitig sieht Rhigas die Möglichkeit der Lehre der französischen und der italienischen Sprache in den großen Städten des Staates vor. Art. 22 seiner Grundrechtscharta besagt: „In den großen Städten wird die französische und italienische Sprache gelehrt, die griechische aber ist allenthalben ein unerlässlicher Lehrgegenstand.", vgl. *Rhigas Velestinlis*, Die Menschenrechte (Anm. 3), S. 69 (83).

liberalen Ideen vertraut zu machen, da die Griechen bereits Träger dieser Ideen waren und sie durch die Organisation ihrer zahlreichen vorgenannten Gemeinschaften bereits erfolgreich in die Tat umgesetzt hatten.[40] Dies bringt allerdings das besonders realistische und gleichzeitig innovative politische Denken von Rhigas sowie seinen Scharfsinn zum Ausdruck. Von den enttäuschenden Erfahrungen der Staatsverträge von Sištov vom 4. August 1791 und von Jassy vom 9. Januar 1792 ausgehend adaptiert Rhigas eine für diese Zeit neuartige politische Taktik, indem er in seinen Schriftwerken fordert, dass sich die Umsetzung seiner Revolutionspläne und politischen Pläne auf die eigene Kraft der unterjochten Volker stützen sollte und nicht auf die Hilfe der zeitgenössischen Mächte des Ostens und des Westens.[41]

b) Die demokratische und liberale Natur des Staates von Rhigas

Die Hellenische Demokratie war ein demokratischer und liberaler Staat. Die demokratische Natur des neuen Staates ergibt sich daraus, dass er nach der Verfassung von Rhigas auf der Grundlage des Volksherrschaftsprinzips eingerichtet werden sollte. In diesem Sinne sieht Art. 25 des Grundrechtskatalogs von Rhigas Folgendes vor: „Die Majestät beruht auf dem gesamten Volke; sie ist einig (une, una), unteilbar, unbeschränkt, unveräußerlich. Das heißt, nur das Volk kann Verordnungen erlassen, und nicht ein Teil der Menschen oder eine Stadt, und es kann sie durch alle Teile erlassen ohne Hindernis".[42]

Die vorgenannte, vom Gleichheitsprinzip geforderte, gleichberechtigte Mitwirkung aller Bürger an der Umsetzung der gesetzgebenden Gewalt und der Wahl der Abgeordneten stellt eine Bestätigung der führenden Rolle des Volksherrschaftsprinzips im Verfassungswerk von Rhigas dar. In diesem Sinne führte Aristovoulos Manessis weiter aus, dass die Verfassung von

---

40 Siehe dazu: *Elian*, Sur la circulation manuscrite des écrits politiques de Rhigas en Moldavie, in: Revue Roumaine d'Histoire, Bd. 1 (1962), S. 487 ff.; *Sugar*, Southeastern Europe under Ottoman Rule, 1354–1804, Seattle 1977, S. 251 ff.; *Iorga*, Histoire des relations entre la France et les Roumains, Paris 1918, S. 75 ff.

41 Vgl. dazu *Legrand*, Bibiotèque Grecque vulgaire, Bd. 2, Paris 1882, S. 314 ff.

42 Art. 25 der Grundrechtscharta, vgl. *Rhigas Velestinlis*, Die Menschenrechte (Anm. 3), S. 69 (85).

Rhigas eine innovative Umsetzung des Demokratieprinzips vorsah, indem
er ein allgemeines Stimmrecht, die Einberufung von Ur-Volksversammlun-
gen, die einjährige Dienstzeit der Volksvertreter und die Einführung von
Institutionen direkter Demokratie (z.b. die Volksabstimmung, die Gesetzge-
bungsinitiative des Volkes, die Wahl der Richter vom Volk und das Widerstandsrecht des Volkes) vorgeschrieben hatte.[43]

Aus der Grundrechtscharta von Rhigas ergibt sich gleichermaßen mit der
demokratischen auch die liberale Natur seines Staates. In diesem Sinne führt
er in seinen Grundrechtskatalog eine Reihe von Grundrechten wie z.b. das
Gleichheitsprinzip (Art. 2 Satz 1 und 3), das Recht auf Leben (Art. 2 Satz 3),
die Meinungsfreiheit (Art. 7 Satz 1), die Versammlungsfreiheit (Art. 7
Satz 2), die Religionsfreiheit (Art. 7 Satz 3), das Verbot der Rückwirkung
von Gesetzen (Art. 14 Satz 1 und 2), die Ungültigkeitsvermutung (Art. 13)
oder das Sklavereiverbot (Art. 18 Satz 3) ein.

c) Die einheitliche und übernationale Struktur des Staates von Rhigas

Trotz der Einrichtung seines Staates auf der Grundlage des Einigkeitsprin-
zips und seiner im oben dargelegten Sinne griechischen Natur (Hellenische
Demokratie) erkennt Rhigas unter Berufung auf das Gleichheitsprinzip die
multiplen und verschiedenen national-kulturellen Identitäten der Völker,
die darin leben, an. Mit seinen eigenen Worten erkennt er in Art. 2 seines
Verfassungsentwurfs als griechisches Volk „das in diesem Staat wohnende
Volk, ohne Unterschied der Religion und Sprache"[44] an.

Rhigas bezweckte mit dem Verfassen seines politischen Werkes unter
dem Titel „Neue Politische Staatsverwaltung" einen neuen Staat, die „Hellenische Demokratie", einzurichten, der kein Nationalstaat, sondern ein
übernationaler, auf der Grundlage des Toleranzprinzips eingerichteter,
Staat wäre. Als Vorbild dafür hatten gewisse historische Vorbilder aus der
Geschichte Griechenlands gedient. Insbesondere wurde Rhigas von dem

---

43 Siehe dazu *Manessis*, L'Activité et les projets politiques d'un patriote Grec dans
    les Balkans vers la fin du XVIIIe siècle, Thessaloniki 1962, S. 75–118; *Kitro-*
    milidis, Rigas e i problemi odierni nei Balcani, in: Marcheselli Loukas (Hrsg.),
    Rigas Fereos. La rivoluzione, la Grecia, i Balcani, Triest 1999, S. 9 ff.
44 Art. 2 der Verfassung, vgl. *Rhigas Velestinlis*, Die Verfassung (Anm. 2), S. 93
    (95).

multinationalen Staat Alexanders des Großen sowie von der multinationalen byzantinischen Herrschaft stark beeinflusst. Er hatte die Struktur dieser Staaten studiert und kreativ weiterverarbeitet, um seine eigene Staatslehre aufzubauen. Das innovative Element der Struktur seines übernationalen Staates war, im Gegensatz zu den zwei vorgenannten historischen oligarchischen Vorbildern, seine demokratische Natur, die auf dem Prinzip der Volksherrschaft beruhen würde.

Die Einrichtung des neuen Staates auf dem Grundsatz der Anerkennung all der verschiedenen Nationen, die darin lebten, sollte jedoch nicht für Verwirrung in Bezug auf die Organisationsform des neuen Staates sorgen. Die Hellenische Demokratie stellte einen einheitlichen Staat und keinen balkanischen Bundesstaat dar. Aus der Verfassung Rhigas' lässt sich eine Argumentation für eine Absicht der Einrichtung eines balkanischen Bundesstaates weder unter Heranziehung von historischen noch von verfassungsrechtlichen und politischen Gesichtspunkten ableiten. Die Hellenische Demokratie stellte nach der Verfassung von Rhigas einen Einheitsstaat dar, innerhalb dessen die verschiedenen Nationen nicht als autonome staatliche Subjekte anerkannt werden.[45] Im Verfassungsentwurf von Rhigas werden keine Institutionen oder Verfahren vorgesehen, die die Verhältnisse zwischen den verschiedenen Nationen regeln oder eine bundesstaatliche Organisation implementierten.[46]

Dagegen wird die einheitliche Struktur des Staates von Rhigas in Art. 1 seines Verfassungsentwurfs ausdrücklich hervorgehoben, indem er schreibt: „Der griechische demokratische Freistaat ist einig, mit dem Ganzen umfasst er in seinem Schoße verschiedene Volksstämme und Religionen. Er sieht die Verschiedenheiten der Religionen nicht mit feindlichen Augen. Er ist unteilbar mit allem, was seine Flüsse und Meere in Provinzen teilen,

---

45 Siehe *Manessis*, L'Activité et les projets politiques d'un patriote Grec dans les Balkans vers la fin du XVIIIe siècle, Thessaloniki 1962, S. 80 ff.

46 Auch die im Verfassungsentwurf vorgesehene Einrichtung von zwei Parlamenten sei, nach *Manessis*, zwar in Bundesstaaten üblich, könne aber die Staatsform nicht vorbestimmen, wie es sich aus der Vorgabe der jakobinischen Verfassung schon ergebe, die für den Verfassungsentwurf von Rhigas als Vorbild gedient habe; vgl. *Manessis*, L'Activité et les projets politiques d'un patriote Grec dans les Balkans vers la fin du XVIIIe siècle, Thessaloniki 1962, S. 108.

welche alle zusammen einen verbundenen, unauflösbaren Körper bilden".[47] In diesem Sinne schreibt er auch in Art. 25 seiner Grundrechtscharta: „Die Macht beruht auf dem gesamten Volke; sie ist einig (une, una), unteilbar, unbeschränkt, unveräußerlich. Das heißt, nur das Volk kann Verordnungen erlassen, und nicht ein Teil der Menschen oder eine Stadt, und es kann sie durch alle Teile erlassen ohne Hindernis".[48]

Über die sich aus der Verfassung ergebende Proklamation der einheitlichen Struktur der multikulturellen Griechischen Demokratie hinaus sprach gegen die Einrichtung eines balkanischen Bundesstaates, nach N. Botzaris, die Tatsache, dass sie auch aus praktischen Gründen, insbesondere aufgrund der Inexistenz fester geographischer Grenzen zwischen den verschiedenen Nationen, unvorstellbar war.[49]

2. Die Staatsorganisation der Hellenischen Demokratie

Die Staatsorganisationsvorschriften der Hellenischen Demokratie bestehen a) aus den Grundlagen des neuen Staates, b) aus den politischen Grundentscheidungen und c) aus den Staatsorganen und ihren Aufgaben.

a) Die Grundlagen des neuen Staates

aa) Das Staatsgebiet

Das Staatsgebiet der Hellenischen Demokratie ergibt sich aus der Karte von Rhigas, die im Grunde eine politische Karte seines Staates darstellte. Wie bereits ausgeführt, beabsichtigte Rhigas einen neuen Staat an der Stelle des Osmanischen Reichs zu errichten. Deshalb ist das in der Karte festgelegte Gebiet seines Staates mit dem des Osmanischen Reichs größtenteils identisch. In diesem Sinne erstreckt sich das Gebiet der „Hellenischen

---

47 Art. 1 der Verfassung, vgl. *Rhigas Velestinlis*, Die Verfassung (Anm. 2), S. 93 (95).

48 Art. 25 der Grundrechtscharta, vgl. *Rhigas Velestinlis*, Die Menschenrechte (Anm. 3), S. 69 (85).

49 *Botzaris*, Visions balkaniques dans la préparation de la Révolution grecque (1789–1821), Paris 1962, Kapitel I: Rhigas Velestinlis et ses contemporains, Kapitel II: La Constitution et les projects de Rhigas, S. 26.

Demokratie" geographisch auf Roumeli, Kleinasien, die Mittelmeerinseln, die Moldau und die Walachei.

Von der soeben vorgestellten einheitlichen Natur des neuen Staates ausgehend führt Rhigas in Art. 2 und 3 seines Verfassungsentwurfs ein bestimmtes Modell der Verwaltungsorganisation (nämlich eine Form der kommunalen Selbstverwaltung) ein, das zum Zwecke der Ermöglichung der effizienten Verwaltung und Gerichtspflege im Rahmen des neuen Staates eine dreistufige Einteilung des Volkes vorsieht. Hierfür schreibt Art. 2 vor: „Das griechische, d.i. das in diesem Reiche wohnende Volk, ohne Unterschied der Religion und Sprache wird, um die landeshoheitliche Gewalt in Kraft zu setzen, eingeteilt in Ur-Versammlungen und Toparchien: (d.h. einem Kadi unterworfene Gebiete, Municipalitäten). Um seine Gesinnung über einen Regierungsgegenstand zu äußern, versammelt es sich zur Eparchie (Departement)". Weiterhin schreibt Art. 3 vor: „Zur Erleichterung der Regierung und der in Gleichheit auszuübenden Gerichtspflege teilt es sich in Eparchien (Gebiete der türkischen Memlek, französ. Departements), in Toparchien (Gebiete der türkischen Kadi, französ. Districts, Bezirke) und in Proestate oder Sumpasilik (d.h. Cantons, Ortschaften). So heißt z.B. Thessalien eine Eparchie; Magnesia (die Ortschaften seiner Gegend) heißt eine Toparchie und das Stadtgebiet von Makrenitza mit zwölf Dörfern heißt ein Protestat".[50]

bb) Die Staatsangehörigen

Die Demokratie sowie der Begriff des Griechentums waren im politischen Schriftwerk für Rhigas zwei alle Menschen betreffende Ideale mit übernationalen Dimensionen. Davon ausgehend beabsichtigte er mit der Einrichtung der Hellenischen Demokratie die Errichtung eines einheitlichen übernationalen Staates, der auf den Prinzipien der Gleichheit, der Toleranz und der Solidarität fußen würde.[51]

---

50 Art. 2–3 der Verfassung, vgl. *Rhigas Velestinlis*, Die Verfassung (Anm. 2), S. 93 (95 f.).
51 *Noutsos*, La „Nouvelle Administration Politique" de Rhigas. Dimension sociale et politique de la citoyenneté de ses membres, in: Eranistis 23 (2001), S. 166–172.

In diesem Sinne schreibt Rhigas in Art. 7 seines Verfassungsentwurfs: „Das sich selbst beherrschende Volk sind alle Einwohner dieses Staates, ungeachtet ihrer Religion oder Sprache; Griechen, Bulgaren, Albaner,
Vlachen, Armenier, Türken und jede andere Gattung der Volkstämme."[52]
und führt weiterhin in Art. 34 seiner Grundrechtscharta aus: „Wenn ein
einzelner Bürger dieses Reiches misshandelt wird, so wird das ganze Reich
zugleich misshandelt; und umgekehrt, wenn das Reich misshandelt und
bekriegt wird, so wird jeder einzelne Bürger misshandelt und bekriegt. Deswegen kann keiner jemals sagen: ,Jene Provinz wird bekriegt, das kümmert
mich nicht; ich lebe in der meinigen ruhig'; sondern ,Ich werde bekriegt,
wenn jene Provinz leidet; weil ich ein Teil des Ganzen bin'. Der Bulgare
muss in Bewegung kommen, wenn der Grieche leidet; und ebenso dieser
wegen des jenen, und beide wegen des Albaners und des Vlachen (d.h. auch
des Moldauers und des Walachen.)"[53]

In Bezug auf die Staatsangehörigkeit sah Rhigas im Art. 4 seines Verfassungsentwurfs vor, dass diese zwar all den in diesem Staat geborenen und
wohnenden anerkannt werde. Darüber hinaus könne sie aber unter gewissen Bedingungen und in Anlehnung an die antike Lehre von Demokritos
und Isokrates auch jedem anderen Menschen verliehen werden, der Träger
der universalen klassischen Werte der griechischen Kultur ist. Mit seinen
eigenen Worten zählt Rhigas in Art. 4 seines Verfassungswerkes die folgenden Bedingungen zur Erlangung der Staatsangehörigkeit auf: „Jeder in
diesem Reiche geborene und lebende Mensch ab einem Alter von 21 Jahren

---

52 Art. 7 der Verfassung, vgl. *Rhigas Velestinlis*, Die Verfassung (Anm. 2), S. 93
    (100).
53 Art. 34 der Grundrechtscharta, vgl. *Rhigas Velestinlis*, Die Menschenrechte
    (Anm. 3), S. 69 (89). Im gleichen Sinne schreibt Rhigas in Art. 23 seiner Grund-
    rechtscharta: „Die gemeinschaftliche Begründung und Sicherheit des einzelnen
    Bürgers steht in Bezug zur Kraft der gesamten Bürger. Deswegen müssen wir
    denken, dass, wenn Einer was auch immer für eine Beschädigung erleidet, alle
    dadurch in ihren Menschenrechten betroffen werden; und deswegen ist es Pflicht,
    dass wir in Beziehung eines jeden die Verwaltung und Unverletzlichkeit seiner
    Rechte begründen. Eben diese Sicherheit fußt auf dem unbeschränkten Willen
    des Volkes; wenn also ein einzelner Bürger widerrechtlich gekränkt wird: so
    wird das gesamte Volk dadurch widerrechtlich gekränkt." Art. 23 der Grund-
    rechtscharta, vgl. *Rhigas Velestinlis*, Die Menschenrechte (Anm. 3), S. 69 (83).

ist ein Bürger. Jeder Fremde, mit einem Alter von vollen 21 Jahren, welcher in diesem Reiche ein Jahr lebt und sich durch die Arbeit seiner Hände nährt, ist ein Bürger. Derjenige, welcher einen Besitz kauft, ist ein Bürger. Wer eine Griechin heiratet, ist ein Bürger. Derjenige, welcher einen an Kindesstatt annimmt, ist ein Bürger. Derjenige, welcher einen Greis ernährt, ist ein Bürger. Derjenige, welcher die griechische Umgangssprache oder die hochgriechische Sprache redet, u nd dem Griechenlande nützlich ist, wenn er auch bei den Antipoden wohnt und in beide Hemisphären sich ausgebreitet hat, ist ein Grieche und ein Bürger. Derjenige, welcher ein Christ ist, wenn er auch weder die Umgangs-, noch die hochgriechische Sprache redet, wenn er nur dem Lande der Griechen nützlich ist, ist ein Bürger. Letztendlich jeder Fremde, welchen die Staatsverwaltung als einen würdigen Bewohner des Vaterlandes erkennt, z.B. als ein geschickter Künstler, ein vollkommener Lehrer, ein verdienstvoller Krieger, wird in unser Vaterland aufgenommenen, und kann zu allen den Rechten, wie alle übrigen Bürger, auf die gleiche Weise gelangen. Ein fremder Philosoph oder ein europäischer Künstler, welcher sein Vaterland verlässt und nach Griechenland kommt, um darin zu leben, mit der Absicht seine Weisheit oder seine Kunst mitzuteilen, wird nicht nur als ein gemeiner Bürger betrachtet, sondern auf öffentliche Kosten soll ihm eine marmorne Statue mit dem Kennzeichen seiner Wissenschaft oder Kunst, errichtet werden und die geschickteste griechische Feder soll die Geschichte seines Lebens schreiben".[54]

cc) Die Selbstdarstellung

Rhigas adaptiert als Symbol der Hellenischen Demokratie eine dreifarbige Fahne mit der Herkuleskeule, oberhalb derer sich drei Kreuze befinden. Wie schon ausgeführt, stellt die „Keule von Herkules" ein wichtiges Element des revolutionären Gedankenguts von Rhigas dar, das jahrhundertelang seine symbolische Dynamik behalten hat. Dadurch wird nämlich nicht nur die altgriechische Kraft charakterisiert, sondern vielmehr wird deren Bedeutung bis zu seiner Zeit erstreckt.

---

54 Art. 4 der Verfassung, vgl. *Rhigas Velestinlis*, Die Verfassung (Anm. 2), S. 93 (97).

Im Anhang seines Verfassungsentwurfes schreibt Rhigas über die Wahl des vorgenannten Symbols und seinen Symbolismus Folgendes: „Das Zeichen, das auf den Flaggen und den Fahnen der Hellenischen Demokratie abgebildet ist, ist eine Herkuleskeule, oberhalb derer sich drei Kreuze befinden; die Flaggen und die Fahnen sollen dreifarbig – schwarz, weiß und rot – sein. Die rote Farbe gehört nach oben, die weiße in die Mitte und die schwarze nach unten. Die rote Farbe deutet auf den kaiserlichen Purpur und die Selbstbestimmung des griechischen Volkes hin; diese Farbe verwendeten auch unsere Ahnen als Kriegsgewand, damit die blutenden Wunden nicht sichtbar sind und die Soldaten ihren Mut nicht verlieren. Die weiße Farbe bedeutet die Unschuld unseres gerechten Widerstands gegen die Tyrannei. Die schwarze Farbe symbolisiert unseren Tod für das Vaterland und für die Freiheit".[55]

dd) Die internationalen Beziehungen der Hellenischen Demokratie

Parallel zu den Staatsorganisationsvorschriften über die innere Organisation der Hellenischen Demokratie trug Rhigas auch Sorge für die Rechtsstellung des neuen Staates innerhalb der internationalen Gemeinschaft. Zu diesem Zweck begründete er in Art. 118 eine Solidaritätspflicht der Hellenischen Demokratie gegenüber allen freien Nationen. Das griechische Volk sei nach Art. 118 Freund und natürlicher Verbündeter der freien Nationen.[56]

Parallel dazu erkennt Rhigas als Fundament der Außenpolitik der Hellenischen Demokratie den Grundsatz des gegenseitigen Respekts und das Selbstdarstellungsrecht eines jeden Staates an. Weder der Griechische Staat dürfe sich in die Regierung anderer Nationen einmischen noch dürfen sich andere Staaten in die Regierung der Hellenischen Demokratie einmischen (Art. 119).

Zum Zwecke des Aufbaus fester und langjähriger interstaatlicher Beziehungen werden im Verfassungsentwurf von Rhigas das diplomatische Asylrecht und die Zusammenarbeit zwischen Griechen und ausländischen Handelsmännern gefordert. Insbesondere schreibt Art. 119 Satz 2 vor: „Die

---

55 Anhang der Verfassung, vgl. *Rhigas Velestinlis*, Die Verfassung (Anm. 2), S. 93 (145).
56 Art. 118 Satz 2 der Verfassung, vgl. *Rhigas Velestinlis*, Die Verfassung (Anm. 2), S. 93 (141).

Griechen ehren die Botschafter und Konsule der sich in diesem Königreich befindenden Nationen; sichern ihnen einen ungefährdeten Aufenthalt zu, respektieren ihre Kaufleute und tasten ihre Handelsschiffe nicht an, wenn diese keine Waren von Feinden mit sich führen".[57]

In der abschließenden Vorschrift des Kapitels über die Beziehungen der Hellenischen Demokratie zu fremden Nationen führt Rhigas in Art. 120 seiner Verfassung eine frühe Version eines politischen Asylrechts ein, indem er vorschreibt, dass die Griechen allen Fremden beistehen sollen, denen ein Unrecht zugefügt werde, und all denjenigen, die aus ihrer Heimat wegen der Sache der Freiheit verbannt werden.[58] Dagegen müssen sie die Aufnahme und Verpflegung von Tyrannen verweigern und sie dürfen nie Frieden mit einem Feinde schließen, der das griechische Territorium besetze (Art. 121).[59]

b) Die politischen Grundentscheidungen des neuen Staates

Die politischen Grundentscheidungen der Hellenischen Demokratie, die sich aus der Verfassung von Rhigas ableiten lassen, bestehen in der Gestaltung als eine semirepräsentative Demokratie (unten aa)), die über gewisse rechtsstaatliche (unten bb)) und sozialrechtliche Elemente (unten cc)) verfügt.

aa) Die Hellenische Demokratie als semirepräsentative Demokratie

Das semirepräsentative politische System spiegelt einerseits den Einfluss der Vorgaben der antiken athenischen Demokratie sowie der französischen Demokratie auf das Verfassungswerk von Rhigas wider und bringt gleichzeitig die innovative Natur seines politischen Denkens zum Ausdruck, die sich aus der kombinierten Umsetzung beider Vorgaben in der Institutionalisierung der Hellenischen Demokratie ergibt.

---

57 Art. 119 Satz 2 der Verfassung, vgl. *Rhigas Velestinlis*, Die Verfassung (Anm. 2), S. 93 (141).

58 Art. 120 der Verfassung, vgl. *Rhigas Velestinlis*, Die Verfassung (Anm. 2), S. 93 (143).

59 Art. 121 der Verfassung, vgl. *Rhigas Velestinlis*, Die Verfassung (Anm. 2), S. 93 (143).

α) Die Fundamentalnorm der Herrschaft der Mehrheit

Die Hellenische Demokratie wird in Art. 1 des Verfassungsentwurfs von Rhigas als einheitlicher und unteilbarer demokratischer Staat vorgesehen, der sich auf das Prinzip der Volksherrschaft beruft. Alle Gewalt geht vom Volk aus. Art. 7 i.V.m. Art. 8 und 9 sieht vor: „Das sich selbst beherrschende Volk (d.h. alle Einwohner dieses Reiches ungeachtet der Religion oder der Sprache, Griechen, Bulgaren, Albaner, Vlachen, Armenier, Türken, und jede andere Gattung der Volksstämme) ernennt allein seine Abgeordneten zu dem gemeinschaftlichen Rate des Nationalvereines" und weiterhin „erteilt das Wahlrecht seinen mittelbaren Wahlmännern, damit diese die Volksbeherrscher, die Verweser der Gerichtspflege, und die anderen Amtspersonen ernennen".[60] Art. 22 schreibt vor: „Vierzigtausend Personen haben aus ihrer Mitte Einen zu wählen, welcher bei dem gesetzgebenden Körper ihr Abgeordneter ist".[61]

Über die Wahl der Abgeordneten hinaus kommt das Volksherrschaftsprinzip weiterhin in Art. 59, in dem die Gesetzesvorschläge dem Bestätigungswillen des Volkes unterstellt werden, sowie in Art. 91 und 97 über die direkte Wahl der öffentlichen Schiedsrichter und der Strafrichter von der Wahlversammlung sowie in Art. 115 über das durch die Initiative der Mehrheit des Volkes einzuleitende Verfassungsrevisionsverfahren zum Ausdruck.

Ein Stimmrecht wird gemäß Art. 29 der Grundrechtscharta von Rhigas allen Bürgern ohne Unterscheidung nach ihrem Geschlecht, ihrer Abstammung oder ihrer Religion gewährleistet (Allgemeines Stimmrecht). Insbesondere sieht Art. 29 vor, dass „jeder Bürger das gleiche Recht hat, dabei mitzuwirken, dass ein Gesetz gemacht werde oder obrigkeitliche Personen, Räte, Befehlshaber der Armee und Vorsteher des Volkes zu ernennen".[62]

---

60 Art. 7 i.V.m. Art. 8 und 9 der Verfassung, vgl. *Rhigas Velestinlis*, Die Verfassung (Anm. 2), S. 93 (101).
61 Art. 22 der Verfassung, vgl. *Rhigas Velestinlis*, Die Verfassung (Anm. 2), S. 93 (101).
62 Art. 59 der Verfassung, vgl. *Rhigas Velestinlis*, Die Verfassung (Anm. 2), S. 93 (107).

β) Elemente parlamentarischer Demokratie

Als politisches System der auf dem Prinzip der Volksherrschaft basierenden Hellenischen Demokratie wird das semirepräsentative System (gouvernement semi-représentatif) eingeführt, welches verschiedene Elemente der parlamentarischen und der direkten Demokratie kombiniert. Der parlamentarische Charakter des neuen Staates kommt, wie vorgenannt, in Art. 22 zum Ausdruck, in dem vorgesehen wird, dass das Volk das Recht hat, seine Repräsentanten in beiden gesetzgebenden Organen (Parlament und Rathaus) zu wählen, die nach Art. 63 befugt seien, die Träger der vollziehenden Gewalt (bzw. des Direktoriums) zu wählen.

γ) Elemente direkter Demokratie

Durch die Einrichtung eines Parlaments wird die Gesetzgebungsgewalt in der Hellenischen Demokratie auf Abgeordnete übertragen aber dort nicht monopolisiert. Das Volk nimmt vielmehr direkt an der Gesetzgebung teil. Hierzu schreibt Art. 10 vor: „Das Volk beratschlagt sich, ob die bestimmten Gesetze seiner Wohlfahrt zuträglich seien, und wenn sie dies sind, so genehmigt und es sie und behält dieselben; wenn es aber dagegen Einwendungen hat, so befördert es den Bericht seines Missfallens an die Verwaltung".[63]

Die Umsetzung des oben erwähnten Rechts des Volkes auf Teilnahme an der Gesetzgebung wird weiterhin durch Art. 59 spezifiziert, in dem vorgesehen wird, dass „vierzig Tage nach der Absendung des vorgeschlagenen Gesetzes, wenn nebst einer Eparchie über die Hälfte der gesamten Eparchien (Departements) und der zehnte Teil (d.h. 60 Bürger) der vorschriftsmäßig gehaltenen Ur-Versammlungen jeder Eparchie nicht widersprochen haben, das schriftlich vorgeschlagene Gesetz angenommen wird und als ein für die Zukunft anerkanntes Gesetz gilt".[64]

Zwei weitere wichtige Elemente direkter Demokratie stellen a) das dem Volk eingeräumte Recht aus Art. 115, eine Initiative zur Revision der Verfassung zu treffen und b) die in Art. 50 vorgesehenen Institution der Volksabstimmung dar. Gemäß Art. 115 sind die vom Volk gewählten Mitglieder

---

63 Art. 10 der Verfassung, vgl. *Rhigas Velestinlis*, Die Verfassung (Anm. 2), S. 93 (101).

64 Art. 59 der Verfassung, vgl. *Rhigas Velestinlis*, Die Verfassung (Anm. 2), S. 93 (123).

der Nationalversammlung zur Umsetzung der Revision berechtigt, die vom
Volk gemäß Art. 115 einberufen wird. Art. 115 sieht vor: „Wenn in der
Hälfte plus einer der Eparchien der Hellenischen Demokratie ein Zehntel
der Ur-Versammlungen jeder Eparchie, die gemäß den erwähnten Bestimmungen (11, 12, 13) stattfanden, eine Revision der Verfassung oder die
Änderung einiger seiner Artikel fordert, dann ist das gesetzgebende Organ
verpflichtet, auch die Ur-Versammlungen aller anderen Eparchien des Freistaates zu versammeln, um zu erfahren, ob eine Nationalversammlung einberufen werden muss".[65]

In Bezug auf die Institution der Volksabstimmung schreibt Art. 50 die
Möglichkeit der Durchführung einer Volksabstimmung über besonders
wichtige Fragen vor. Die Initiative zur Durchführung einer Volksabstimmung kann von mindestens fünfzig Mitgliedern des gesetzgebenden Organs
getroffen werden, wenn sie eine Unstimmigkeit finden oder mit etwas nicht
zufrieden sind. Ist dies der Fall, dann können sie verlangen, dass das ganze
Volk nach den in Art. 11, 12, 13 und 38 aufgeführten Weisen versammelt
werde, um diesen Gegenstand zu entscheiden.[66]

Die Darstellung der oben erwähnten Elemente direkter Demokratie im
Verfassungswerk von Rhigas lässt sich durch die Erwähnung der Institution
der kommunalen Selbstverwaltung aus Art. 78 ff. und des Widerstandsrechts aus Art. 35 der Grundrechtscharta abschließen. Die durch Art. 78 ff.
eingeführte Institution der kommunalen Selbstverwaltung stellt eine Form
der demokratischen Dezentralisierung im Verfassungswerk von Rhigas dar,
durch die den Bürgern das Recht eingeräumt wird, mit ihrer Teilnahme an
den Wahlversammlungen direkt etwas zur Erledigung der örtlichen Angelegenheiten beizutragen.

Was das Widerstandsrecht betrifft, wird jeder Bürger der Hellenischen
Demokratie gemäß Art. 35 der Grundrechtscharta von Rhigas zum Bewah-
rer der Verfassung und der demokratischen Ordnung ernannt. Art. 35 sieht
vor: „Wenn die Staatsverwaltung die Rechte des Volkes verachtet, durch
Zwang verletzt, vernichtet, und seine Klagen nicht hört, alsdann erhebe das

---

65 Art. 115 der Verfassung, vgl. *Rhigas Velestinlis*, Die Verfassung (Anm. 2), S. 93
    (141).
66 Art. 50 der Verfassung, vgl. *Rhigas Velestinlis*, Die Verfassung (Anm. 2), S. 93
    (115).

Volk, jeder Teil des Volkes, einen Aufstand; es ergreife die Waffen und strafe seine Tyrannen; dieses ist heiliger als alle seine Rechte und unerlässlicher als alle seine Pflichten".[67]

bb) Die rechtsstaatlichen Elemente der Hellenischen Demokratie

Im Verfassungsentwurf von Rhigas Velestinlis von 1797 findet sich bereits eine Reihe von frühen rechtsstaatlichen Grundsätzen, die vielfach miteinander zusammenhängen und ein sinnvolles Gefüge bilden. Unter Heranziehung der aktuellen Rechtsstaatslehre lassen sich diese Grundsätze unter Berücksichtigung ihrer Zielsetzung in drei Kategorien teilen: in die Grundsätze über die Gesetzmäßigkeit des staatlichen Handelns (unten i), in die Grundsätze über die Gerechtigkeit (unten ii) und in die Grundsätze über die Rechtssicherheit (unten iii).

α) Grundsätze über die Gesetzmäßigkeit des staatlichen Handelns

Durch die Einführung der Grundsätze der konstitutionellen Bindung, der Bindung an Gesetz sowie der Organisationsvorschriften über die Aufteilung der staatlichen Regierungsgewalt in seinem Verfassungsentwurf bezweckte Rhigas die Verhinderung jeglicher staatlicher Willkür im Rahmen der Hellenischen Demokratie.

αα) Zur konstitutionellen Bindung des staatlichen Handelns

Der Grundsatz der konstitutionellen Bindung findet im Verfassungsentwurf von Rhigas eine frühe Ausprägung in der Präambel der Verfassung. Dort wird die Bindung aller Bürger sowie der Träger der drei öffentlichen Gewalten an die Verfassung ausdrücklich als oberste Norm im Rahmen der Hellenischen Demokratie erklärt. Insbesondere wird in der Präambel der „Neuen Politischen Verwaltung" von Rhigas Folgendes vorgesehen: „Daher wird die folgende öffentliche Erklärung der kostbaren Rechte des Menschen und des freien Bewohners des Reiches feierlich verkündet, damit alle Einwohner immer die Taten der Regierung mit dem Ziel der sozialen Institutionen mit wachsamen Auge vergleichen können, damit sie, nachdem sie sich mit Mut

---

67 Art. 35 der Grundrechtscharta, vgl. *Rhigas Velestinlis*, Die Menschenrechte (Anm. 3), S. 69 (89).

von dem niederträchtigen Joch des Despotismus befreit und die kostbare
Freiheit ihrer glorreichen Ahnen zu eigen gemacht haben, zukünftig nie
zulassen, als Sklaven von der unmenschlichen Tyrannei niedergetreten zu
werden, damit jeder die Grundlagen seiner Freiheit, seiner Sicherheit und
seines Glücks wie einen glänzenden Spiegel vor seinen Augen hat, damit die
Richter am deutlichsten wissen, welches ihre unablässige Pflicht gegenüber
den freien Bürgern ist, wenn sie sie urteilen, und damit die Gesetzgeber und
die höchsten Amtsträger die aufrichtigste Grundregel kennen, gemäß der
ihr Beruf geregelt ist und aufgrund der ihr Beruf auf die Glückseligkeit der
Bürger ausgerichtet werden muss".[68]

ββ) Zur Bindung des staatlichen Handelns an das Gesetz

Die Bindung des staatlichen Handelns an das Gesetz kommt durch die Kom-
bination der Anschauungen der Art. 9 und 24 seines Grundrechtskatalogs
zum Ausdruck. Art. 9 schreibt vor: „Das Gesetz soll die Freiheit der ganzen
Nation und die Freiheit jedes Menschen, der in diesem Reich wohnt, vor der
Unterdrückung und vor der Tyrannei der Staatsverwalter schützen; wenn
die Staatsverwalter gut regieren, soll das Gesetz sie verteidigen und wenn
sie schlecht regieren, sie absetzen".[69] Zur Konkretisierung der vorgenannten
allgemeinen Proklamation gibt Rhigas in Art. 24 eine präzise Bestimmung
des Grundsatzes der Bindung der Staatsverwaltung an Gesetz und Recht,
indem er schreibt, dass die Unbeschränktheit des Willens (des Volkes) keine
Gültigkeit habe, wenn die Grenzen der öffentlichen Ämter nicht genau vom
Gesetz bestimmt worden seien, und wenn nicht ausdrücklich verordnet worden sei, dass alle Beamten Rechenschaft ablegen sollen.[70] Des Weiteren wird
im Verfassungsentwurf die Bindung der Träger der vollziehenden Gewalt
(Direktorium) sowie der Zivil- und Strafrichter an das Gesetz, bei der Wahrnehmung ihrer Aufgaben, ausdrücklich gefordert. Art. 65 sieht vor, dass das
vom gesetzgebenden Organ gewählte Direktorium keine Vollmacht dafür
habe, anders zu wirken, als die Gesetze und die Verordnungen, welche von

---

68 *Rhigas Velestinlis*, Neue Politische Staatsverwaltung (Anm. 1), S. 61 (65).
69 Art. 9 der Grundrechtscharta, vgl. *Rhigas Velestinlis*, Die Menschenrechte
    (Anm. 3), S. 69 (75).
70 Art. 24 der Verfassung, vgl. *Rhigas Velestinlis*, Die Verfassung (Anm. 2), S. 93
    (105).

der Gesetzgebungskörperschaft erlassen wurden, zu vollziehen.[71] Zudem sieht Art. 88 i.V.m. Art. 90 und Art. 92 vor, dass die Zahl der Richter, der Umfang ihrer Aufgaben und die ihnen zukommenden Rechtsstreitigkeiten von dem gesetzgebenden Organ bestimmt werden, und sie nach dem Gesetz die Streitigkeiten der Einwohner zu richten und sich schriftlich mit ihnen auseinanderzusetzen haben.[72]

γγ) Zur Aufteilung der staatlichen Gewalten in Funktionsbereiche

Die Darstellung der inhaltlichen Komponenten der Gesetzmäßigkeit staatlichen Handelns endet mit der Erwähnung der Organisationsvorschriften über die Aufteilung der staatlichen Regierungsgewalt in Funktionsbereiche. Nach der Vorgabe der Verfassung von Rhigas lassen sich die verschiedenen staatlichen Funktionsbereiche in Anlehnung an das aristotelische Gewaltenteilungsprinzip in die gesetzgebende, die vollziehende und die rechtsprechende Gewalt unterteilen. Entsprechend der vorgenannten Unterscheidung sieht Rhigas die Einrichtung zweier gesetzgebender Organe (Parlament und Rathaus, Art. 34 Verfassungsentwurf), eines Direktoriums (Art. 62 Verfassungsentwurf), der Zivil- und Strafgerichte (Art. 85 und 96 Verfassungsentwurf) sowie eines obersten Gerichts (das Kassations-Tribunal, Art. 98 ff. Verfassungsentwurf) vor.

Zur effizienten Wahrnehmung ihrer Aufgaben sieht Rhigas in seinem Verfassungsentwurf gewisse Bedingungen zum Zwecke der persönlichen und funktionalen Unabhängigkeit der Träger der Gewalten vor. Insbesondere führt er in Art. 43 seines Verfassungsentwurfs eine frühe Fassung der Indemnität ein, indem er schreibt, dass es nicht gestattet werde, dass die Abgeordneten beunruhigt, angeklagt und gerichtlich belangt werden wegen ihrer Begriffe und Meinungen, welche sie vor der Versammlung des gesetzgebenden Körpers geäußert haben. Sie haben die vollkommene Freiheit all das, was sie denken, zum Besten des Vaterlandes ohne Zurückhaltung zu sagen.[73] Über das Indemnitätsprivileg hinaus führt Art. 44 der Verfassung

---

71 Art. 65 der Verfassung, vgl. *Rhigas Velestinlis*, Die Verfassung (Anm. 2), S. 93 (125).
72 Art. 88 i.V.m. Art. 90 und 92 der Verfassung, vgl. *Rhigas Velestinlis*, Die Verfassung (Anm. 2), S. 93 (131).
73 Art. 43 der Verfassung, vgl. *Rhigas Velestinlis*, Die Verfassung (Anm. 2), S. 93 (113).

von Rhigas auch eine frühe Form des Immunitätsprivilegs der Abgeordneten
ein. Die Abgeordneten dürfen also, nach Rhigas, nur mit Genehmigung des
gesetzgebenden Organs strafrechtlich zur Verantwortung gezogen werden.
Dazu schreibt Rhigas, dass die Abgeordneten „nur dann verhaftet werden
können, wenn sie ein schweres Verbrechen, z.b. Totschlag, oder etwas anderes dergleichen begehen, und doch müsse der Haftbefehl oder der Befehl des
Hausarrestes mit der Genehmigung des gesetzgebenden Organs erfolgen.
Weil diese Personen heilig sind, da sie die ganze Nation vertreten, ist es
auch billig, dass die ganze Nation, welche durch den gesetzgebenden Körper
vertreten wird, dieselben richte".[74]

Entsprechende Anforderungen an die persönliche und funktionale Unabhängigkeit der Träger der Gerichtspflege werden in Art. 96 i.V.m. Art. 94
der Verfassung von Rhigas gestellt, indem vorgesehen wird, dass sie unparteiische, unbefangene, und gerechte Männer sein müssen und eine Streitsache ohne endgültige Entscheidung beendigen sollen.

β) Grundsätze über die Gerechtigkeit

Die Verfassung von Rhigas enthält, wie bereits aufgeführt, nicht nur Form-
prinzipien und die Rollenverteilungen staatlichen Organisationsrechts, sondern auch materiellen inhaltlichen Komponenten des Rechtsstaatsprinzips
(Gerechtigkeit). Diese liegen vor allem in den, in der Grundrechtscharta
von Rhigas gewährleisteten, Menschenrechten mit ihren Wirkungen als
Abwehrrechte, als Sozialrechte oder als politische Rechte.

Auf eine analytische Darstellung des Inhalts und der Systematik der
Grundrechte wird im folgenden Kapitel im Einzelnen eingegangen. An dieser Stelle lässt sich die Systematik der Grundrechtscharta von Rhigas im Allgemeinen wie folgt beschreiben: Die Menschenrechtslehre von Rhigas geht
von der Gewährleistung der Unantastbarkeit eines Bereiches persönlicher
Betätigungsfreiheit aus und bezweckt durch die Einführung des Gleichheits-
prinzips den Ausschluss staatlicher Willkür bei der Behandlung gleichartiger
Fälle. Da ihm jedoch zugleich bewusst war, dass die Freiheitsansprüche der
Menschen miteinander kollidieren können, nimmt er besondere Rücksicht

---

74 Art. 44 der Verfassung, vgl. *Rhigas Velestinlis*, Die Verfassung (Anm. 2), S. 93
   (113).

auf deren Gemeinverträglichkeit bei der inhaltlichen Ausgestaltung und Begrenzung der Grundrechte, d.h. darauf, dass die Freiheiten aller gegeneinander abgegrenzt werden müssen.

In diesem Sinne sei nach Rhigas das gesetzgebende Organ zur näheren inhaltlichen Ausgestaltung der Grundrechte und zur Bestimmung ihrer Einschränkungen gemäß Art. 6 befugt. Neben den gesetzlichen Schranken erkennt Rhigas in der gleichen Vorschrift aber auch eine moralische Grenze der Grundfreiheiten an und lässt es dadurch offen, ob sich weitere Einschränkungen der Grundrechte aus dem systematischen Zusammenhang ergeben können, in dem die Grundrechte zueinander stehen. In diesem Sinne führt er in Art. 6 aus: „Die Freiheit ist jene Kraft des Menschen, all das zu tun, was den Rechten seines Nächsten nicht schadet." Er führt weiter aus: „Die moralische Grenze der Freiheit ist diese Maxime: Tue niemandem das an, was du nicht willst, das man es dir antut".[75]

γ) Grundsätze über die Rechtssicherheit

Die inhaltlichen Elemente der Rechtssicherheit, die sich aus den Organisationsvorschriften ergeben, betreffen a) die Erkennbarkeit der Normunterworfenheit und der Rechtslage für Betroffene (unten α) und b) die Effektivität des Rechtsschutzes (unten β).

αα) Zur Erkennbarkeit der Normunterworfenheit und Rechtslage für Betroffene

Als erste Bedingung zur Gewährleistung der Erkennbarkeit der Normunterworfenheit und Rechtslage der von ihr Betroffenen nennt Rhigas in seinem Verfassungsentwurf die Veröffentlichung der fundamentalen Normen der Hellenischen Demokratie und zwar der Verfassung sowie der Grundrechtscharta. Im Bewusstsein der pädagogischen Rolle der Normen fordert Rhigas, dass jeder Bürger der Hellenischen Demokratie jederzeit Zugang zum Inhalt der Verfassung sowie der Grundrechtscharta haben muss. In diesem Sinne schreibt er in Art. 124 seines Verfassungsentwurfes in Anlehnung an die Praxis der antiken athenischen Demokratie vor, dass die Erklärung der Menschenrechte und die Verfassung auf Kupfertafeln graviert werden sollen

---

[75] Art. 6 der Grundrechtscharta, vgl. *Rhigas Velestinlis*, Die Menschenrechte (Anm. 3), S. 69 (73).

und am Versammlungsort des Gesetzgebungsorgans angebracht werden
sollen. Solche Kopien müssen angefertigt und in allen Städten, Kleinstädten
und Dörfern der Republik auf den Plätzen aufgestellt werden, sodass jeder
Bürger immer sieht, worin der kostbare Schatz seiner geliebten Freiheit
besteht.[76]

Über die Verkündung der Verfassung hinaus wird in Art. 45 und 46 der
Verfassung von Rhigas die Verpflichtung des gesetzgebenden Organs und
des Rates, sich öffentlich zu versammeln und Protokoll über den Inhalt jeder
Sitzung zu führen, sodass die Verhandlungen der Abgeordneten über die
Vorbereitung und den Erlass eines Gesetzes von ihren Mandaten d.h. den
Bürgern nachvollziehbar und überprüfbar sein konnten, eingeführt. Insbesondere sehen Art. 45 und 46 Folgendes vor: „Die Ratsversammlungen des
gesetzgebenden Organs sind unversperrt und öffentlich. Alle Ausführungen,
welche die Räte in der Ratsversammlung machen, werden aufgeschrieben
und Praktika (d.h. Verhandlungen, Protokolle) genannt; diese Praktika werden gedruckt, damit das Volk sie lesen und vernehmen kann."[77].

Zum Zwecke der weiteren Gewährleistung der Voraussehbarkeit staatlichen Handelns führt Rhigas die Verpflichtung aller Träger der öffentlichen
Gewalt, ihre Entscheidungen auf Griechisch zu veröffentlichen, ein. Dies
solle in einer möglichst einfachen und verständlichen Weise erfolgen, damit
alle Bürger in der Lage seien, die sich daraus ergebende Rechte und Pflichten
zu verstehen und ihr Verhalten danach auszurichten. Art. 53 sieht vor: „Alle
Gesetze und Verordnungen werden in der griechischen Umgangssprache,
als der verständlichsten und leichtesten, abgefasst, damit sie von allen in
dem Reiche befindlichen Völkern gelernt werden; ebenso alle Schriften der
gerichtlichen und anderer öffentlicher Verhandlungen".[78]

Damit die Bürger nicht durch unvorhersehbare staatliche Maßnahmen
überrascht werden, führt Rhigas in seiner Grundrechtscharta ein aus-
drückliches Verbot der Rückwirkung von Gesetzen ein. In Bezug auf die

---

76 Art. 124 der Verfassung, vgl. *Rhigas Velestinlis*, Die Verfassung (Anm. 2), S. 93
  (145).
77 Art. 45 und 46 der Verfassung, vgl. *Rhigas Velestinlis*, Die Verfassung (Anm. 2),
  S. 93 (113).
78 Art. 53 der Verfassung, vgl. *Rhigas Velestinlis*, Die Verfassung (Anm. 2), S. 93
  (117).

Strafrechtspflege schreibt Rhigas in Art. 14 seines Grundrechtskatalogs eindrucksvoll vor, dass der Bürger nur dann bestraft werden solle, wenn das Gesetz vor dem Verbrechen schon sanktioniert gewesen sei (nullum crimen sine lege). Ein Gesetzgeber, welcher Handlungen bestrafen wolle, welche sich zu einer Zeit ereigneten, wo das Gesetz noch nicht bestand, heiße Tyrannei.[79]

ββ) Zur Effektivität des Rechtsschutzes

In Bezug auf die Gewährleistung der zweiten Komponente der Rechtssicherheit, der Effektivität des Rechtsschutzes, institutionalisiert die Verfassung von Rhigas einerseits die Überprüfung der Vereinbarkeit jedes Aktes der rechtsprechenden Gewalt mit den Gesetzen des Staates durch ein Kassationsgericht und andererseits das Recht der Bürger auf einen wirkungsvollen Rechtsschutz im Rahmen bürgerlich-rechtlicher Streitigkeiten.

Insbesondere schreibt Art. 98 der Verfassung von Rhigas vor, dass für den ganzen Freistaat ein Kassations-Tribunal eingerichtet werde, dem die Aufgabe anvertraut werde, die Urteile der erstinstanzlichen Gerichte in Bezug auf ihre Vereinbarkeit mit den geltenden Gesetzen zu überprüfen, ohne auf die Untersuchung des Inneren jeder Streitsache (zivil- oder strafrechtlicher Natur) einzugehen.[80] Was die privatrechtlichen Streitigkeiten betrifft, erkennt Art. 86 der Verfassung von Rhigas den Bürgern, die einen Rechtsstreit unter sich haben, ein unantastbares Recht, freiwillig einen Schiedsrichter zu wählen und über den Ausspruch desselben übereinzukommen, an.[81] Parallel zum freiwilligen Schiedsverfahren wird in Art. 88 auch ein obligatorisches Schiedsverfahren eingeführt, bei dem die Schiedsrichter vom Volk, nämlich von den Dorfbewohnern, direkt gewählt sind.[82] Die Entscheidungen der freiwilligen und obligatorischen Schiedsrichter sind berufungsfähig. Art. 87 erweitert den von Art. 86 und 88 gebotenen Rechtsschutz, indem er den Parteien das Recht zuschreibt, eine frühe Form

---

79 Art. 14 der Grundrechtscharta, vgl. *Rhigas Velestinlis*, Die Menschenrechte (Anm. 3), S. 69 (79).
80 Art. 98 der Verfassung, vgl. *Rhigas Velestinlis*, Die Verfassung (Anm. 2), S. 93 (135).
81 Art. 86 der Verfassung, vgl. *Rhigas Velestinlis*, Die Verfassung (Anm. 2), S. 93 (131).
82 Art. 88 der Verfassung, vgl. *Rhigas Velestinlis*, Die Verfassung (Anm. 2), S. 93 (131).

von Revision vor einer höheren Behörde einzulegen.[83] Zur zweitinstanzlichen Überprüfung der Streitsache sind gemäß Art. 91 die öffentlichen Schiedsrichter, die von den Wahlversammlungen gewählt werden, zuständig.[84]

Der durch die oben genannten Vorschriften angestrebte Rechtsschutz wird durch die Heranziehung der Grundsätze aus Art. 94 ergänzt, in dem gewisse verfahrensrechtliche Anforderungen vorgesehen werden, die die Transparenz der Gerichtsverhandlungen und der Überprüfbarkeit der Gerichtsurteile bezwecken. In diesem Sinne schreibt Art. 94 in Bezug auf die öffentlichen Schiedsrichter Folgendes vor: „Diese halten Rat und kommen öffentlich zusammen. Sie erklären ihre Meinung mit lauter Stimme. Sie beendigen die Streitsache mit dem Ausspruch eines Wortes oder mit einer einfachen schriftlichen Erklärung, ohne viele rechtliche Erörterungen und ohne endliche Entscheidung. Sie führen die Gründe ihrer Entscheidungen an".[85]

cc) Die sozialstaatlichen Elemente der Hellenischen Demokratie

Neben den oben dargestellten rechtstaatlichen Elementen ergibt sich aus einer Reihe von Vorschriften der Verfassung von Rhigas ein gewisses Programm der Sozialstaatlichkeit. Unter der Bezeichnung „Sozialstaatlichkeit" gelangt im Verfassungswerk von Rhigas die dritte der großen Parolen der Französischen Revolution zur Entfaltung. Die Solidarität sowie die Toleranz stellen die Bindeglieder der übernationalen Hellenischen Demokratie dar und sie prägen das gesamte Verfassungswerk von Rhigas.

Mit eigenen Worten schreibt Rhigas in Art. 34 seiner Grundrechtscharta: „Wenn ein einzelner Bürger dieses Reiches misshandelt wird, so wird das ganze Reich zugleich misshandelt; und umgekehrt, wenn das Reich misshandelt und bekriegt wird, so wird jeder einzelne Bürger misshandelt und bekriegt. Deswegen kann keiner jemals sagen: ‚Jene Provinz wird

---

83 Art. 87 der Verfassung, vgl. *Rhigas Velestinlis*, Die Verfassung (Anm. 2), S. 93 (131).

84 Art. 91 der Verfassung, vgl. *Rhigas Velestinlis*, Die Verfassung (Anm. 2), S. 93 (131).

85 Art. 94 der Verfassung, vgl. *Rhigas Velestinlis*, Die Verfassung (Anm. 2), S. 93 (133).

bekriegt, das kümmert mich nicht; ich lebe in der meinigen ruhig'; sondern ‚Ich werde bekriegt, wenn jene Provinz leidet; weil ich ein Teil des Ganzen bin'. Der Bulgare muss in Bewegung kommen, wenn der Grieche leidet; und ebenso dieser wegen des jenen, und beide wegen des Albaners und des Vlachen (d.h. des Moldauers und des Walachen.)"[86].

In diesem Sinne schreibt Rhigas weiter in Art. 23 seiner Grundrechtscharta: „Die Sicherheit des einzelnen Bürgers steht in Bezug zu der Kraft der gesamten Bürger. Deswegen müssen wir denken, dass wenn einer was auch immer für eine Beschädigung erleidet, alle dadurch in ihren Menschenrechten betroffen werden und deswegen ist es die Pflicht, dass wir die Geltung und Unverletzlichkeit der Rechte eines jeden begründen. Eben diese Sicherheit fußt auf dem unbeschränkten Willen des Volkes, wenn also ein einzelner Bürger widerrechtlich gekränkt wird, so wird das gesamte Volk dadurch widerrechtlich gekränkt."[87]

Die Solidarität stellt im Werk von Rhigas keine bloße Proklamation, die nur formal begriffen wird, dar, sondern verfügt auch über materielle Komponenten, die ihre praktische Umsetzung zugunsten all der Menschen innerhalb der Hellenischen Demokratie bezwecken. Dies kommt zum Ausdruck im Hinblick auf die sozialstaatlichen Vorschriften, die den Staat verpflichten, für die realen Bedingungen der Freiheitsentfaltung zu sorgen. In diesem Sinne sieht Art. 122 vor: „Die Verfassung garantiert allen Griechen, Türken und Armeniern Gleichheit, Freiheit, Sicherheit, Selbstbestimmung des Eigentums, öffentliche Schuld, Freiheit aller Religionen, öffentliche Bildung, öffentliche Beiträge, da wo es sich gehört, unbeschränkte Pressefreiheit, Recht auf Petition und Klage, das Versammlungsrecht und, als letztes, Genuss aller Menschenrechte".[88] Die Solidaritätspflicht des Staates erstreckt sich jedoch nicht nur auf die Bürger der Hellenischen Demokratie, sondern entfaltet, wie die gesamte Staatslehre von Rhigas, eine gewisse universale Dimension, indem sie auch alle Fremden erfasst, denen ein Unrecht zugefügt

---

86 Art. 34 der Grundrechtscharta, vgl. *Rhigas Velestinlis*, Die Menschenrechte (Anm. 3), S. 69 (89).
87 Art. 23 der Grundrechtscharta, vgl. *Rhigas Velestinlis*, Die Menschenrechte (Anm. 3), S. 69 (85).
88 Art. 122 der Verfassung, vgl. *Rhigas Velestinlis*, Die Verfassung (Anm. 2), S. 93 (143).

wurde, und all diejenigen, die aus ihrer Heimat wegen der Sache der Freiheit verbannt wurden (Art. 120).[89]

Die allgemeine Aussage des Art. 122 wird durch eine Reihe von Grundrechten näher spezifiziert, die in der Grundrechtscharta von Rhigas allen Menschen innerhalb der Hellenischen Demokratie zugeschrieben werden. Vorbehalten einer näheren Darstellung der sozialen Grundrechte im folgenden eigenen Kapitel der vorliegenden Arbeit wäre es an dieser Stelle bereits sinnvoll, die grundrechtlichen Vorschriften zu erwähnen, die über die grundrechtlichen Positionen der Bürger gewisse sozialstaatliche Pflichten des Staates begründen. Dies sind die Vorschriften über die staatliche Gewährung a) des freien Zugangs zum Beruf und Erwerb (Art. 17 Grundrechtscharta), b) des freien Zugangs zu Ausbildungsstätten (Art. 22 Grundrechtscharta), c) der Beihilfe an alte Menschen, an Familien und unglückliche Bürger (Art. 21 Grundrechtscharta) sowie d) der Sozialbindung des Eigentums (Art. 19 Grundrechtscharta).

c) Die Staatsorgane und ihre Aufgaben

Die Verfassung von Rhigas kennt als Staatsorgane das Wahlvolk (unten aa)), das Gesetzgebungsorgan (unten bb)), die Nationalversammlung (unten cc)), das Direktorium (unten dd)), die Finanzverwaltung (unten ee)), die Municipalkörper (unten ff)) und die Rechtsprechungsorgane (unten gg)).

aa) Das Wahlvolk

Wie bereits ausgeführt, stellt sich das selbstherrschende Volk im Ganzen den primären Träger der Staatsgewalt innerhalb der Hellenischen Demokratie dar. Alle anderen Staatsorgane leiten ihre Gewalt unmittelbar oder mittelbar von ihm ab. Das Volk ernennt a) seine Repräsentanten im Parlament und Rathaus, b) die öffentlichen Schiedsrichter, c) die Strafrichter und d) die Mitglieder des Kassationshofes, überprüft jeden ihm vom Parlament zur Bestätigung vorgelegten Gesetzesvorschlag und trifft die Initiative zur Einleitung des Verfassungsrevisionsverfahrens. Das Hauptinstrument, durch

---

89 Art. 120 der Verfassung, vgl. *Rhigas Velestinlis*, Die Verfassung (Anm. 2), S. 93 (143).

das in der Hellenischen Demokratie die Staatsgewalt vom Volke ausgeht, sind die Wahlen.

Berechtigt an der Wahl teilzunehmen ist jeder Mensch, der gemäß Art. 4 der Verfassung von Rhigas über die Staatsangehörigkeit der Hellenischen Demokratie verfügt. Art. 21 der Verfassung von Rhigas erkennt allen Bürgern ein Allgemeines Stimmrecht zu: „Die Menge des Volkes stellt das gesamte Volk dar. Dies ist gleichsam der Grundstein der Volksvertretung und nicht die Reichen oder die Gewaltigen".[90] Das Allgemeine Stimmrecht wird durch Art. 29 seiner Grundrechtscharta weiterhin spezifiziert: „Jeder Bürger hat das gleiche Recht mitzuwirken, dass ein Gesetz gemacht werde, oder um obrigkeitliche Personen, Räte, Befehlshaber der Armee und Vorsteher des Volkes zu ernennen".[91] Die Abgabe der Stimme von jedem Bürger kann gemäß Art. 16 der Verfassung entweder schriftlich oder mit lauter Stimme erfolgen, wie es den wählenden Bürgern beliebt. Jede Stimme verfügt über den gleichen Zählwert.[92]

Die Verfassung von Rhigas führt ein Mehrheitswahlsystem ein, indem in Art. 24 vorgeschrieben wird, dass die Ernennung der Abgeordneten allein durch die Menge der Wählerstimmen geschehe. Zur Umsetzung des Mehrheitswahlsystems schreibt Rhigas in seinem Verfassungsentwurf die stufenweise Eingliederung der Wählerschaft in Ur-Versammlungen, in Vereinigungen der Ur-Versammlungen sowie in Wahlversammlungen vor. Gemäß Art. 12 der Verfassung von Rhigas sind die Ur-Versammlungen aus mindestens 200, jedoch nicht mehr als 600 Bürgern zusammengesetzt, welche aufgefordert werden ihre Meinung zu sagen.[93] Die Ur-Versammlungen des Volkes, das heißt diejenigen, die dazu dienen, die Abgeordneten zu wählen, werden von den Einwohnern abgehalten, welche wenigstens schon seit sechs Monaten in der Toparchie (Municipalite, Canton), in welcher die

---

90 Art. 21 der Verfassung, vgl. *Rhigas Velestinlis*, Die Verfassung (Anm. 2), S. 93 (105).

91 Art. 29 der Verfassung, vgl. *Rhigas Velestinlis*, Die Verfassung (Anm. 2), S. 93 (107).

92 Art. 16 der Verfassung, vgl. *Rhigas Velestinlis*, Die Verfassung (Anm. 2), S. 93 (103).

93 Art. 12 der Verfassung, vgl. *Rhigas Velestinlis*, Die Verfassung (Anm. 2), S. 93 (103).

Versammlung vorgenommen wird, ein Haus besitzen (Art. 11).[94] Die in den Ur-Versammlungen vereinten Bürger ernennen einen Wahlmann (électeur), wenn sie bis zu 200 Personen sind; wenn sie aber von 201 bis 400 Bürger sind, so ernennen sie zwei; und wenn sie 401 bis 600 sind, so ernennen sie drei (Art. 37).[95] Die Wahlversammlungen erfolgen auf dieselbe Art und Weise wie die Ur-Versammlungen, so wie die Art. 11, 12 und 13 es vorschreiben. Z.B. erfolgen die Ur-Versammlungen schriftlich oder mündlich; ebenso die Wahlversammlungen. Dort sind wenigstens 60 Stimmgeber um drei zu erwählen, hier ebenso (Art. 38).[96] Jede Vereinigung der Ur-Versammlungen ernennt durch ihre Wahlmänner einen Abgeordneten (Art. 23).[97]

bb) Das gesetzgebende Organ

Die Verfassung von Rhigas sieht die Einrichtung eines gesetzgebenden Organs vor, das sich aus zwei Kammern, dem Parlament und dem Rat der Alten, zusammensetzt. Das Gesetzgebungsorgan besteht aus 750 Abgeordneten. Die 500 jüngeren davon stellen den Rat der 500 dar und die übrigen 250 sind die älteren und heißen der Rat der Alten.

Gemäß Art. 28 sei jeder Ansässige, welcher die Rechte des Bürgers erlangt hat, würdig, in der ganzen Ausdehnung der Demokratie gewählt zu werden.[98] Die Mitglieder des gesetzgebenden Organs werden von den Wahlversammlungen gewählt und ihre Amtszeit beträgt ein Jahr (Art. 41).[99] Jedes Jahr werden die Mitglieder des Gesetzgebungsorgans geändert oder bestätigt (Art. 40).[100] Während ihrer Amtszeit genießen all Abgeordneten ein

---

94 Art. 11 der Verfassung, vgl. *Rhigas Velestinlis*, Die Verfassung (Anm. 2), S. 93 (101).

95 Art. 37 der Verfassung, vgl. *Rhigas Velestinlis*, Die Verfassung (Anm. 2), S. 93 (109 ff.).

96 Art. 38 der Verfassung, vgl. *Rhigas Velestinlis*, Die Verfassung (Anm. 2), S. 93 (111).

97 Art. 23 der Verfassung, vgl. *Rhigas Velestinlis*, Die Verfassung (Anm. 2), S. 93 (105).

98 Art. 28 der Verfassung, vgl. *Rhigas Velestinlis*, Die Verfassung (Anm. 2), S. 93 (107).

99 Art. 41 der Verfassung, vgl. *Rhigas Velestinlis*, Die Verfassung (Anm. 2), S. 93 (111).

100 Art. 40 der Verfassung, vgl. *Rhigas Velestinlis*, Die Verfassung (Anm. 2), S. 93 (111).

Indemnitäts- und Immunitätsprivileg zur Gewährleistung ihrer personellen und funktionellen Unabhängigkeit (Art. 43 und 44).[101] Primär sollen sie sich bei der Wahrnehmung ihrer Aufgaben nach Art. 39 um die Interessen des ganzen Staates sorgen und nicht nur um die des Wahlgebiets, woraus sie kommen. Art. 39 schreibt vor: „Jeder entsandte Stellvertreter ist Eigentum des ganzen wählenden Volkes. Deswegen wird er nicht als Abgeordneter dieser oder jener Toparchie, sondern als ein Abgeordneter von uns allen betrachtet".[102] Zum Zwecke der Wahrung der verfassungsmäßigen Funktion des Parlaments zum Nutzen der Interessen der ganzen Hellenischen Demokratie verfügt die Nationalversammlung gemäß Art. 51 über das Recht, das Verhalten und die Bewegungen eines jeden Abgeordneten zu untersuchen. Wenn er ihr fleißig erscheine und dem Vaterlande nützlich sei, so sei es gut. Wenn nicht, so solle sie ihn anzeigen und auf den Verdächtigen ein aufmerksames Auge haben.[103]

In Bezug auf die innere Ordnung des gesetzgebenden Organs sieht Art. 49 vor, dass der Rath der Alten seine Sitzungen halte, wenn über die Hälfte der Repräsentanten anwesend sind.[104] Die Ratsversammlung könne nicht in Beratschlagung treten und bestimmen, wenn nicht mindestens die Hälfte ihrer Glieder anwesend sei (Art. 47).[105] Jede Ratsversammlung sowie alle Verhandlungen müssen immer öffentlich und unversperrt erfolgen (Art. 45).[106] Zur weiteren Wahrung der Öffentlichkeit der Verhandlungen und ihrer Überprüfbarkeit durch die Bürger werden gemäß Art. 46 alle Vorschläge, welche die Räte in der Ratsversammlung machen, aufgeschrieben

---

101 Art. 43 und 44 der Verfassung, vgl. *Rhigas Velestinlis*, Die Verfassung (Anm. 2), S. 93 (113).
102 Art. 39 der Verfassung, vgl. *Rhigas Velestinlis*, Die Verfassung (Anm. 2), S. 93 (111).
103 Art. 51 der Verfassung, vgl. *Rhigas Velestinlis*, Die Verfassung (Anm. 2), S. 93 (115).
104 Art. 49 der Verfassung, vgl. *Rhigas Velestinlis*, Die Verfassung (Anm. 2), S. 93 (115).
105 Art. 47 der Verfassung, vgl. *Rhigas Velestinlis*, Die Verfassung (Anm. 2), S. 93 (115).
106 Art. 45 der Verfassung, vgl. *Rhigas Velestinlis*, Die Verfassung (Anm. 2), S. 93 (113).

und Praktika (d.h. Verhandlungen, Protokolle) genannt; diese Praktika werden gedruckt, damit das Volk sie lesen und vernehmen kann.[107] Das Gesetzgebungsverfahren wird in Art. 53 bis 60 näher geregelt. Insbesondere verkörpert Art. 53 das Recht des Rates, Gesetze vorzuschlagen und Verordnungen sowie Befehle zu erteilen.[108] Die näheren Gegenstände eines gesetzgebenden Aktes werden ausführlich in Art. 54[109] und der Gegenstand von Verordnungen und Befehlen in Art. 55[110] aufgezählt. Zum Entwurf

---

107 Art. 46 der Verfassung, vgl. *Rhigas Velestinlis*, Die Verfassung (Anm. 2), S. 93 (113).
108 Art. 53 der Verfassung, vgl. *Rhigas Velestinlis*, Die Verfassung (Anm. 2), S. 93 (117).
109 In Bezug auf die Gegenstände der Gesetze sieht Art. 54 Folgendes vor: „Die Gesetze, d. h. die Verfügungen des gesetzgebenden Organs betreffen, 1. Die Gesetzgebung für das politische und das Justizwesen. 2. Die allgemeine Verwaltung der ordentlichen Einkünfte und Ausgaben unseres demokratischen Staates. 3. Die Grundgüter, über welche das ganze Volk zu walten hat, Domäne genannt. 4. Lǒnge, Gewicht, Maß (Titel, Auflage, Siegelwesen) und Benennung der Scheidemünzen und aller Geldsorten. 5. Die Gattungen der Abgaben, wieviel sie betragen, und wie sie bezogen werden sollen. 6. Erklärung des Krieges gegen ein feindliches Volk. 7. Einteilung des demokratischen Gebietes in Toparchien und Eparchien. 8. Aufsicht der Schulen und auf welche Art die Kinder der Bürger erzogen werden sollen. 9. Öffentliche Ehren zur Honorierung großer Männer, und der Verteidiger des Vaterlandes.", vgl. *Rhigas Velestinlis*, Die Verfassung (Anm. 2), S. 93 (117).
110 In Bezug auf den Gegenstand der Verordnungen sieht Art. 55 das Folgende vor: „Die Verordnungen des gesetzgebenden Organs haben sich auf diese Gegenstande zu beziehen: 1. Die Bestimmung der Armeen, welche man in jedem Jahre sowohl zur See als zu Land nötig hat. 2. Die Gestattung oder Verweigerung, dass fremde Armeen durch das Gebiet unseres Reiches ziehen. 3. Die Landung fremder Seetruppen in den Häfen des griechischen Freistaates. 4. Die Obsorge für die allgemeine Sicherheit und Ruhe; in Form von Maßregeln, die dafür sorgen, dass Ordnung und Ruhe in dem Gebiete des griechischen Staates beachtet werden. 5. Jährliche und tägliche Einteilung der Steuern und Bedürfnisse öffentlicher Werke; insbesondere wie hohe Beitrage für die verschiedenen Bedürfnisse des Freistaates über ein ganzes Jahr erfordert werden; oder Verordnungen über den Bau der Brücken, Straßen, Häfen, Kanäle, Gebäude, und dergleichen. 6. Verordnungen der Scheidemünzen jeder Art. 7. Die unbestimmten Ausgaben, welche auf gemeinnützige Gegenstände verwendet werden; ebenso die ungewöhnlichen z.B. Belohnung desjenigen, welcher die Schiffe des Feindes in Brand gesteckt hat; oder die Ausgaben Eines, welcher ausgesandt wird, um einen geheimen Auftrag zum Nutzen des Vaterlandes

eines Gesetzesvorschlags sei ein schriftlicher Bericht nötig, damit man den Nutzen oder Schaden, welcher daraus entstehen könnte, untersuchen könne (Art. 56).[111] Die Untersuchung wird bekannt gemacht und das Gesetz in der Folge nach einer Wartezeit von fünfzehn Tagen samt dem schriftlichen Bericht in Erwägung gezogen. Berechtigt zum Entwurf eines Gesetzesvorschlags ist der Rat der 500, der seinen Vorschlag dem Urteil des Rates der Alten zum Sanktionieren oder zum Verwerfen unterstellt (Art. 39).[112] Soweit der Rat der Alten mit dem Vorschlag einverstanden ist, weil der daraus entstehende Nutzen bewiesen ist, wird der Gesetzesvorschlag gedruckt und in alle Teile des Freistaates zum Zwecke seiner finalen Bestätigung verschickt (Art. 58).[113]

Vierzig Tage nach der Übersendung des vorgeschlagenen Gesetzes, wenn nebst einer Eparchie über die Hälfte der gesamten Eparchien (Departements) und der zehnte Teil (d.h. 60 Bürger) der vorschriftsmäßig gehaltenen Ur-Versammlungen jeder Eparchie nicht widersprochen haben, wird das schriftlich vorgeschlagene Gesetz angenommen und als ein für die Zukunft anerkanntes

---

zu vollziehen .8. Untersuchungen oder kluge Maßregeln, wo sie einem Orte, einem Teile, einer Municipalität, oder irgendeiner Gattung öffentlicher Angelegenheiten nützlich sind. 9. Obsorge, dass das Land des Freistaates verteidigt werde. 10. Die Bestätigung der Friedensverträge. 11. Die Ernennung oder Veränderung der Generäle des Freistaates. 12. Jede Person des Rates zu belangen, und zur Rechenschaft zu zwingen; ebenso jeden Geschäfträger in politischen und Volksangelegenheiten. 13. Die Anklage jener, welche einer Verschwörung gegen die allgemeine Sicherheit des Freistaates verdächtig sind. 14. Jede Veränderung in der Partial-Verteilung griechischen Landes. z.B. Wenn einer ein Verräter des Vaterlandes zu sein scheint: so entfernet ihn von dem Lande, wo er eine obrigkeitliche Vollmacht hatte, und übergebt dasselbe einem anderen. 15. Die Belohnungen des Volkes z.B. wenn ein Bürger eine ruhmvolle Tat ausgeübt hat und das Volk ihn belohnen muss, übernimmt das Gesetzgebungsorgan die Sorgfalt zu bestimmen, auf welcher Art die Belohnung ihm gegeben werden soll.", vgl. *Rhigas Velestinlis*, Die Verfassung (Anm. 2), S. 93 (119).

111 Art. 56 der Verfassung, vgl. *Rhigas Velestinlis*, Die Verfassung (Anm. 2), S. 93 (121).

112 Art. 56 der Verfassung, vgl. *Rhigas Velestinlis*, Die Verfassung (Anm. 2), S. 93 (111).

113 Art. 28 der Verfassung, vgl. *Rhigas Velestinlis*, Die Verfassung (Anm. 2), S. 93 (123).

Gesetz akzeptiert (Art. 59).[114] Wenn aber der zehnte Teil der Ur-Versammlungen jeder Eparchie es nicht billige, so versammelt das Gesetzgebungsorgan die gesamten Ur-Versammlungen (Art. 11, 12 und 13) und nun werde das ganze Volk befragt (Art. 60).[115] Wie schon ausgeführt, müssen alle erlassenen Gesetze[116] und Verordnungen in der griechischen Umgangssprache, als der verständlichsten und leichtesten, abgefaßt werden, damit sie von allen sich im Reiche befindenden Völkern verstanden werden (Art. 53).[117]

Über die oben dargestellten Gesetzgebungsaufgaben hinaus ist das gesetzgebende Organ auch mit der Aufgabe der Wahl und Überwachung der Mitglieder des Direktoriums (Art. 63) und der Geschäftsmänner des Direktoriums in jeder Eparchie (Art. 67) betraut und entscheidet über die Bestimmung der Zahl und des Umfangs der Aufgaben der öffentlichen Schiedsrichter (Art. 92) sowie der Untersuchungskommissarien (Art. 106), worauf im folgenden Kapitel im Einzelnen eingegangen wird.

cc) Die Nationalversammlung

Über die oben dargestellten Rechte der Bürger, direkt an die Gesetzgebung teilzunehmen, hinaus hat Rhigas in Art. 115 seines Verfassungsentwurfes dem Volk das Recht vorbehalten, die Initiative zur Einleitung der Revision der Verfassung zu treffen. Insbesondere sieht Art. 115 vor: „Wenn in der Hälfte plus einer der Eparchien der Hellenischen Demokratie ein Zehntel der Ur-Versammlungen jeder Eparchie, die gemäß den erwähnten Bestimmungen (Art. 11, 12 und 13) stattfanden, eine Revision der Verfassung oder die Änderung einiger seiner Artikel fordert, dann ist der gesetzgebende Körper verpflichtet, auch die Ur-Versammlungen aller anderen Eparchien des Freistaates zu versammeln, um zu erfahren, ob eine Nationalversammlung einberufen werden muss".[118]

---

114 Art. 59 der Verfassung, vgl. *Rhigas Velestinlis*, Die Verfassung (Anm. 2), S. 93 (123).

115 Art. 60 der Verfassung, vgl. *Rhigas Velestinlis*, Die Verfassung (Anm. 2), S. 93 (123).

116 Wie auch alle Schriften der gerichtlichen und anderen öffentlichen Verhandlungen.

117 Art. 53 der Verfassung, vgl. *Rhigas Velestinlis*, Die Verfassung (Anm. 2), S. 93 (117).

118 Art. 115 der Verfassung, vgl. *Rhigas Velestinlis*, Die Verfassung (Anm. 2), S. 93 (141).

Zur Durchführung der Verfassungsrevision ist gemäß Art. 116 die Nationalversammlung befugt, die am Beispiel der Versammlungen des Gesetzgebungsorgans angelehnt gebildet wird, indem aus jeder Eparchie ein bevollmächtigter Vertreter geschickt wird und ihre Bevollmächtigung mit ihnen [mit den anderen Eparchien] vereint. Die Revisionsaufgaben der Nationalversammlung beschränken sich ausschließlich auf die Erledigung derjenigen Themen, zu deren Untersuchung sie berufen ist.[119] Art. 117 sieht vor: „Diese außerordentliche Nationalversammlung beschäftigt sich hinsichtlich der Verfassung nur mit den Objekten, die ihre Einberufung verursacht haben und mischt sich nicht in anderen Themen ein; d.h. sie ist nur einberufen worden, um eine Sache zu untersuchen, mit dieser muss sie sich beschäftigen und mit nichts weiter".[120]

dd) Das Direktorium

Der Vollzug der Gesetze ist im Verfassungsentwurf von Rhigas dem Direktorium (Vollziehungsrat) anvertraut. Das Direktorium besteht aus fünf Männern, zu deren Wahl ein Zusammenwirken der Wahlversammlungen und des Gesetzgebungsorgans vorgesehen ist. Insbesondere schreibt Art. 63 vor, dass die Wahlversammlung jeder Eparchie einen Kandidaten wählt.[121] Aus den allgemeinen Verzeichnissen der Kandidaten wählt dann das gesetzgebende Organ die Mitglieder des Direktoriums, von denen die Hälfte jedes Jahr abtritt (Art. 64).[122]

Zu den Aufgaben des Direktoriums zählt es, für die allgemeine Staatsverwaltung zu sorgen, zu dirigieren und zu wachen. Es hat keine Vollmacht anders zu wirken, als die Gesetze und die Verordnungen zu vollziehen (Art. 65).[123] Zur effizienten Wahrnehmung seiner Vollzugsaufgaben ist

---

119 Art. 116 der Verfassung, vgl. *Rhigas Velestinlis*, Die Verfassung (Anm. 2), S. 93 (141).

120 Art. 117 der Verfassung, vgl. *Rhigas Velestinlis*, Die Verfassung (Anm. 2), S. 93 (141).

121 Art. 63 der Verfassung, vgl. *Rhigas Velestinlis*, Die Verfassung (Anm. 2), S. 93 (123).

122 Art. 64 der Verfassung, vgl. *Rhigas Velestinlis*, Die Verfassung (Anm. 2), S. 93 (125).

123 Art. 65 der Verfassung, vgl. *Rhigas Velestinlis*, Die Verfassung (Anm. 2), S. 93 (125).

das Direktorium befugt, Geschäftsträger in jeder Eparchie zu ernennen, deren Zahl und Wirkungskreise von der Gesetzgebung vorbestimmt sind (Art. 67).[124] Diese Geschäftsträger machen unter sich keine Ratsversammlung aus, sind abgesondert, haben unter sich keine Beziehungen und bekommen keine persönliche Vollmacht, sondern handeln nur im Namen des Direktoriums (Art. 68).[125] Ihre Amtszeit läuft gleich mit der Amtszeit der Mitglieder des Direktoriums. Allerdings sieht Art. 72 vor, dass das Direktorium die Geschäftsträger entferne und neue ordne, wenn es selbst erneuert werde.[126] Die Aufgaben des Direktoriums im Bereich der Staatsverwaltung erstrecken sich auch auf die Finanzordnung, da es befugt ist, die Beamten zu ernennen, die die Rechnungen der Verweser des Nationalschatzes und der Verwalter öffentlicher Gelder untersuchen (Art. 105)[127] sowie auf den Bereich der Wehrordnung, da die Nationalkriegsmacht, welche gegen die Feinde des Vaterlandes bestimmt ist, nach den Befehlen des Direktoriums zu wirken hat (Art. 113).[128]

In Bezug auf die auswärtigen Angelegenheiten verhandelt das Direktorium über den Frieden mit Krieg führenden Völkern (Art. 70)[129] und wird auch mit der Ernennung der auswärtigen Befehlshaber, der Vorsteher der allgemeinen Staatsverwaltung des Freistaates, der Gesandten und der Geschäftsträger an fremden Höfen betraut (Art. 66).[130] Darüber hinaus schickt das Direktorium aus seiner Mitte Geschäftsträger in auswärtigen Angelegenheiten des Staates, nämlich diejenigen, welche irgendein Geschäft

---

124 Art. 67 der Verfassung, vgl. *Rhigas Velestinlis*, Die Verfassung (Anm. 2), S. 93 (125).

125 Art. 68 der Verfassung, vgl. *Rhigas Velestinlis*, Die Verfassung (Anm. 2), S. 93 (125).

126 Art. 72 der Verfassung, vgl. *Rhigas Velestinlis*, Die Verfassung (Anm. 2), S. 93 (125).

127 Art. 105 der Verfassung, vgl. *Rhigas Velestinlis*, Die Verfassung (Anm. 2), S. 93 (137).

128 Art. 113 der Verfassung, vgl. *Rhigas Velestinlis*, Die Verfassung (Anm. 2), S. 93 (139).

129 Art. 70 der Verfassung, vgl. *Rhigas Velestinlis*, Die Verfassung (Anm. 2), S. 93 (125).

130 Art. 66 der Verfassung, vgl. *Rhigas Velestinlis*, Die Verfassung (Anm. 2), S. 93 (125).

für das Vaterland zu besorgen oder einen geheimen Auftrag zu erfüllen haben (Art. 69).[131]

Zur Wahrung der Transparenz und Überprüfbarkeit des oben dargestellten Handelns des Vollzugsrates sowie seiner Geschäftsführer ist es der Überwachung des Gesetzgebungsorgans und der gerichtlichen Kontrolle unterstellt. Art. 71 schreibt hierzu vor: „Die Männer, welche dieses Direktorium ausmachen, werden von dem gesetzgebenden Organ angeklagt, wenn sie sich in irgend einer Rücksicht vergehen".[132] In diesem Sinne sei das Direktorium für die Unwirksamkeit und Unzulänglichkeit der Gesetze und Verordnungen und Missbräuche verantwortlich, welche es nicht hat anzeigen wollen (Art. 72).[133] Weiterhin habe das Direktorium die Pflicht, die Geschäftsträger wegen der Fehler, welche sie begangen haben, anzuklagen und den Richtern davon Bericht zu erstatten (Art. 74).[134]

ee) Die Finanzverwaltungsorgane

Die Finanzverwaltung des neuen Staates wird in Art. 101 bis 106 der Verfassung von Rhigas dargelegt. Rhigas führt in Art. 101 eine allgemeine Pflicht aller Bürger der Hellenischen Demokratie ein, mit ihrem Vermögen und Reichtum zu den vaterländischen Bedürfnissen etwas beizutragen.[135] Den Vereinigungspunkt der Einkünfte und der Ausgaben der Hellenischen Demokratie stellt der nationale Schatz des Volkes dar (Art. 102).[136] Zur Sicherung einer effizienten und vor allem transparenten Verwaltung der öffentlichen Gelder unterstellt Rhigas das Handeln der Schatzverwalter der Überwachung des Direktoriums und des Gesetzgebers. Insbesondere sind

---

131 Art. 69 der Verfassung, vgl. *Rhigas Velestinlis*, Die Verfassung (Anm. 2), S. 93 (125).

132 Art. 71 der Verfassung, vgl. *Rhigas Velestinlis*, Die Verfassung (Anm. 2), S. 93 (125).

133 Art. 72 der Verfassung, vgl. *Rhigas Velestinlis*, Die Verfassung (Anm. 2), S. 93 (127).

134 Art. 74 der Verfassung, vgl. *Rhigas Velestinlis*, Die Verfassung (Anm. 2), S. 93 (127).

135 Art. 101 der Verfassung, vgl. *Rhigas Velestinlis*, Die Verfassung (Anm. 2), S. 93 (135).

136 Art 102 der Verfassung, vgl. *Rhigas Velestinlis*, Die Verfassung (Anm. 2), S. 93 (135 ff.).

gemäß Art. 102 vom Direktorium ernannte Schatzbeamte zur Verwaltung des öffentlichen Schatzes befugt.[137] Diese Schatzbeamten werden von den Staatsrechnungs-Buchhaltern kontrolliert, die vom Gesetzgeber gewählt werden. Diese sind für die Missbräuche verantwortlich, welche sie nicht anzeigen (Art. 104).[138]

Kernpunkt der Sicherung einer transparenten Verwaltung des öffentlichen Schatzes stellt das in Art. 106 ff. vorgeschriebene Verfahren der Darlegung von Rechnungen dar. Die Schatzverwalter sowie alle anderen Verwalter öffentlicher Gelder sind gemäß Art. 105 verpflichtet, jedes Jahr die Rechnungen den Staatsrechnungs-Buchhaltern vorzulegen.[139] Diese Ratifikationsbeamten werden selbst von anderen, von dem gesetzgebenden Organ ernannten und aus der Mitte desselben stammenden (d.h. aus eben demselben Organ) abgeordneten Untersuchungskommissarien kontrolliert,[140] welche dann für die Missbräuche und Verstöße, welche sie nicht anzeigen, verantwortlich sind. Das Gesetzgebungsorgan ratifiziert die Rechnungen und unterzeichnet sie (Art. 106).[141]

ff) Die Municipalkörper

Wie bereits ausgeführt, hat Rhigas in seinem Verfassungswerk einen dreistufigen Aufbau des Staatsgefüges in Eparchien, Toparchien und Gemeinden (Art. 3) vorgenommen und schreibt ihnen in Art. 78 ff. ein Selbstverwaltungsrecht zu, das die demokratische Dezentralisation zur Geltung bringt, indem den Bürgern das Recht gewährleistet wird, alle Angelegenheiten der örtlichen Gemeinschaft im Rahmen der Gesetze in eigener Verantwortung zu regeln.

---

137 Art. 102 der Verfassung, vgl. *Rhigas Velestinlis*, Die Verfassung (Anm. 2), S. 93 (136).

138 Art. 105 der Verfassung, vgl. *Rhigas Velestinlis*, Die Verfassung (Anm. 2), S. 93 (137).

139 Art. 87 der Verfassung, vgl. *Rhigas Velestinlis*, Die Verfassung (Anm. 2), S. 93 (131).

140 Art. 105 der Verfassung, vgl. *Rhigas Velestinlis*, Die Verfassung (Anm. 2), S. 93 (136).

141 Art. 106 der Verfassung, vgl. *Rhigas Velestinlis*, Die Verfassung (Anm. 2), S. 93 (136).

Zum dreistufigen Aufbau der hellenischen Demokratie sieht Art. 78 vor: „In jeder Gemeinde (Kommune) des Freistaates (Gemeinden werden zehn, zwölf oder auch fünfzehn zusammengezogene Dörfer genannt) ist eine Municipalverwaltung vorgesehen. In jeder Toparchie ist eine Mittelverwaltung, auf welche die umliegenden Municipalverwaltungen Bezug nehmen, vorgesehen. In jeder Eparchie ist eine Zentralverwaltung vorgesehen und auf diese beziehen sich die umliegenden Toparchie- und Mittelverwaltungen".[142]

Befugt zur Erledigung der örtlichen Angelegenheiten in jeder Gemeinde, Toparchie und Eparchie sind gewisse obrigkeitliche Personen, die direkt vom Volk gewählt werden und ihre Aufgaben in völligem Bewusstsein ihres Mandats sowie gesetzmäßig wahrzunehmen haben. Diese obrigkeitlichen Personen werden von den Versammlungen der Gemeinden gewählt (Art. 79).[143] Die Verwaltungspersonen von den Wahlversammlungen der Toparchien und Eparchien (Art. 80).[144] Die Hälfte davon wird jährlich erneuert (Art. 81).[145]

Bei der Wahrnehmung ihrer Aufgaben haben die Municipalbeamten ihr Verhalten nach den Anforderungen des Gesetzmäßigkeitsprinzips auszurichten und dürfen sich in die Versammlungen des Volkes nicht einmischen. In Bezug auf die Gesetzmäßigkeit des Handelns der Municipalbeamten sieht Art. 82 vor, dass die Verwaltungspersonen und Municipalbeamten in keiner Weise die Geschäfte und Verordnungen des gesetzgebenden Organs verändern oder ihre Vollziehung verzögern dürfen.[146] Im Anschluss daran führt Art. 83 weiter aus, dass das Gesetzgebungsorgan schriftlich das Geschäft der Municipalbeamten und Verwaltungspersonen, die Vorschriften ihrer Unterwürfigkeit und die Strafen, welche sie bekommen, wenn sie sich

---

142 Art. 78 der Verfassung, vgl. *Rhigas Velestinlis*, Die Verfassung (Anm. 2), S. 93 (127).

143 Art. 79 der Verfassung, vgl. *Rhigas Velestinlis*, Die Verfassung (Anm. 2), S. 93 (129).

144 Art. 80 der Verfassung, vgl. *Rhigas Velestinlis*, Die Verfassung (Anm. 2), S. 93 (129).

145 Art. 81 der Verfassung, vgl. *Rhigas Velestinlis*, Die Verfassung (Anm. 2), S. 93 (129).

146 Art. 82 der Verfassung, vgl. *Rhigas Velestinlis*, Die Verfassung (Anm. 2), S. 93 (129).

vergehen, zu erklären habe.[147] Um das Verbot der Einmischung der Municipalbeamten in die Wahlversammlungen, durch die der Wille des Volkes
direkt zum Ausdruck kommt, zu verwirklichen, fordert Art. 82, dass die
Verwaltungspersonen und Municipalbeamten keinen vertretenden Charakter haben. Sie werden also nicht mit unter die Versammlungen des Volkes
gerechnet, solange sie im Amt stehen.[148] Abschließend wird die Voraussehbarkeit und Transparenz ihres Verhaltens durch die in Art. 84 eingeführte
Pflicht, öffentlich zu verhandeln, angestrebt.[149]

gg) Die Rechtsprechungsorgane

Die Verfassung von Rhigas sieht zunächst die Einführung eines zweistufigen
Rechtspflegesystems vor, dessen Wirkungsbereich sich auf die Erledigung
von zivilrechtlichen sowie von strafrechtlichen Streitigkeiten erstreckt. Darüber hinaus führt Rhigas in seinem Verfassungsentwurf die Errichtung eines
Kassationsgerichts ein, dem die Gesetzmäßigkeitsprüfung der Akten der
rechtsprechenden Organe der anderen Instanzen anvertraut wird.

Die Zivilrechtspflege beruht im Verfassungsentwurf von Rhigas auf der
Institution des Schiedsverfahrens, das gemäß Art. 86 bis 95 sowohl freiwillig als auch obligatorisch erfolgen kann. Was das freiwillige Schiedsverfahren betrifft, schreibt Art. 86 den Bürgern das Recht zu, wenn sie einen
Rechtsstreit haben, freiwillig Schiedsrichter (Friedensrichter) zu wählen.[150]

Die Zivilrechtspflege in erster Instanz erfolgt durch die Institution des
obligatorischen Schiedsverfahrens. Mit der Wahrnehmung der Recht-
sprechungsaufgaben sind nach Art. 88 zwei Friedensrichter betraut, die
jedes Jahr von den Dorfbewohnern oder Vermittlern gewählt werden und
sich schriftlich mit der Rechtssache auseinandersetzen.[151] Diese Richter

---

147 Art. 83 der Verfassung, vgl. *Rhigas Velestinlis*, Die Verfassung (Anm. 2), S. 93
     (129).
148 Art. 82 der Verfassung, vgl. *Rhigas Velestinlis*, Die Verfassung (Anm. 2), S. 93
     (129).
149 Art. 84 der Verfassung, vgl. *Rhigas Velestinlis*, Die Verfassung (Anm. 2), S. 93
     (129).
150 Art. 86 der Verfassung, vgl. *Rhigas Velestinlis*, Die Verfassung (Anm. 2), S. 93
     (131).
151 Art. 88 der Verfassung, vgl. *Rhigas Velestinlis*, Die Verfassung (Anm. 2), S. 93
     (131).

vermitteln und richten die Streitigkeiten ohne Endgültigkeit (Art. 89).[152] Ihre Zahl und die ihnen zukommenden Rechtsstreitigkeiten werden vom gesetzgebenden Organ bestimmt, d. h. wie viele sie sind und welche Rechtssachen sie zu entscheiden haben (Art. 90).[153]

Art. 87 räumt den Bürgern das Recht ein, den Streitgegenstand auch bei einer höheren Behörde entscheiden zu lassen.[154] Die Gerichte zweiter Instanz bestehen aus Schiedsrichtern, die öffentlich von Wahlversammlungen (Art. 91) gewählt werden und deren Zahl sowie der Wirkungsbereich ihrer Gewalt ebenfalls von der Gesetzgebung bestimmt werden (Art. 92).[155] Die öffentlichen Schiedsrichter übernehmen und untersuchen die Einwendungen, welche von den Friedensrichtern nicht gehörig entschieden worden sind. Zur Voraussehbarkeit des Rechtsfindungsverfahrens sieht Art. 94 vor, dass die Schiedsrichter Rat halten und öffentlich zusammenkommen. Sie erklären ihre Meinung mit lauter Stimme. Sie beendigen die Streitsache mit dem Ausspruche eines Wortes oder mit einer einfachen schriftlichen Erklärung, ohne viele rechtliche Erörterungen, und ohne endgültige Entscheidung.[156] Sowohl die Friedensrichter als auch die öffentlichen Schiedsrichter werden jedes Jahr gewählt (Art. 95).[157]

Die kriminalistische Gerechtigkeitspflege wird im Verfassungsentwurf von Rhigas auf dem Grundsatz „Nullum crimen sine lege" aufgebaut. Hierzu schreibt Rhigas in Art. 96 vor: „Wegen einer Kriminalstreitsache kann kein Bürger anders gerichtet werden, als zufolge der Anklage, welche von den Beeideten (diese sind unparteiische, unbefangene und gerechte Männer) angenommen und von dem gesetzgebenden Organ dekretiert

---

152 Art. 89 der Verfassung, vgl. *Rhigas Velestinlis*, Die Verfassung (Anm. 2), S. 93 (131).

153 Art. 90 der Verfassung, vgl. *Rhigas Velestinlis*, Die Verfassung (Anm. 2), S. 93 (131).

154 Art. 87 der Verfassung, vgl. *Rhigas Velestinlis*, Die Verfassung (Anm. 2), S. 93 (131).

155 Art. 92 der Verfassung, vgl. *Rhigas Velestinlis*, Die Verfassung (Anm. 2), S. 93 (131).

156 Art. 94 der Verfassung, vgl. *Rhigas Velestinlis*, Die Verfassung (Anm. 2), S. 93 (133).

157 Art. 95 der Verfassung, vgl. *Rhigas Velestinlis*, Die Verfassung (Anm. 2), S. 93 (133).

worden ist".[158] Die Wahrnehmung der Gerichtspflege im strafrechtlichen Bereich erfolgt in den im Folgenden dargestellten Schritten. Die Angeklagten verfügen über das Recht, gewisse Richter zu verwerfen und ihre Verteidigung vor ihnen öffentlich und verlautbar auszuführen. Durch die Ermittlungen dieser Richter soll die Beschaffenheit und Absicht ihres Verbrechens nachgewiesen werden. Die Auferlegung der Strafe aber müsse vor einem anderen Gericht, nämlich dem Kriminalgericht, erfolgen, weil „Richter und Strafender nicht ein und dieselbe Person sein sollen" (Art. 96 Satz 6).[159] Die Mitglieder des Kriminalgerichts werden, wie die öffentlichen Schiedsrichter, von den Wahlversammlungen gewählt (Art. 97).[160]

An der Spitze des in der Verfassung von Rhigas vorgesehenen Gerichtsbarkeitssystems befindet sich das Kassationsgericht. Art. 98 sieht vor, dass ein Kassationsgericht für den ganzen Freistaat einzurichten sei.[161] Die Mitglieder dieses Gerichtes werden jedes Jahr von den Wahlversammlungen ernannt und sind 24 an der Zahl (Art. 100).[162] Dieses Gericht sollte nur über Formverletzungen und über ausdrückliche Gesetzesverletzungen entscheiden, ohne über den Tatbestand zu erkennen. (Art. 99).[163] Über die Aufgaben der Rechtspflege hinaus wird das Gericht gemäß Art. 100 Satz 2. mit dem Geschäft betraut, nach jedem Jahr die Abänderung der Gliederung des Vollzugsrates und des Gesetzgebungsorgans zu verlangen.[164]

---

158 Art. 96 der Verfassung, vgl. *Rhigas Velestinlis*, Die Verfassung (Anm. 2), S. 93 (133).

159 Art. 96 S. 6 der Verfassung, vgl. *Rhigas Velestinlis*, Die Verfassung (Anm. 2), S. 93 (133).

160 Art. 97 der Verfassung, vgl. *Rhigas Velestinlis*, Die Verfassung (Anm. 2), S. 93 (133).

161 Art. 98 der Verfassung, vgl. *Rhigas Velestinlis*, Die Verfassung (Anm. 2), S. 93 (135).

162 Art. 100 der Verfassung, vgl. *Rhigas Velestinlis*, Die Verfassung (Anm. 2), S. 93 (135).

163 Art. 99 der Verfassung, vgl. *Rhigas Velestinlis*, Die Verfassung (Anm. 2), S. 93 (135).

164 Art. 100 der Verfassung, vgl. *Rhigas Velestinlis*, Die Verfassung (Anm. 2), S. 93 (135).

hh) Die nationale Kriegsmacht

Zum Zwecke der Verteidigung der territorialen und politischen Selbstherrschaft der Hellenischen Demokratie sowie zur Wahrung der inneren demokratischen Ordnung führt Rhigas in seinem Verfassungsentwurf eine allgemeine Wehrpflicht und gewisse Vorschriften über a) den Aufbau einer bewaffneten Macht zu Land und zu Wasser auf Kosten des Staates und b) ihre Rechenschaftslegungspflicht innerhalb des demokratischen Staates ein. Art. 108 i.V.m. Art. 109 schreibt eine allgemeine Wehrpflicht aller Bürger des Staates, d.h. auch der Frauen, vor. „Die allgemeine Kriegsmacht des Freistaates beruht auf dem ganzen Volke. Alle Griechen sind Soldaten; alle müssen sich an den Waffen üben und nach dem Ziele schießen. Alle müssen exerzieren lernen. Selbst die Griechinnen tragen Dolche in der Hand, wenn sie zur Muskete nicht tauglich sind."[165]

Die Streitkräfte lassen sich in Bezug auf ihr Aufgaben in die Nationalkriegsmacht, welche bestimmt ist, Frieden und Ordnung innerhalb des Freistaates zu erhalten (Art. 112) und in die Nationalkriegsmacht, welche gegen die Feinde des Vaterlandes bestimmt ist (Art. 113)[166], aufteilen. In Bezug auf die besonders wichtige Frage des Inhabers des militärischen Oberbefehls in einem demokratischen Staat sieht Rhigas in Art. 110 vor, dass kein Generalfeldmarschall nötig sei, welcher die gesamte Land- und Seemacht des Freistaates in der Hand habe. Rhigas stellt das ganze Handeln der Nationalkriegsmacht unter demokratische Kontrolle.[167] Deshalb schreibt er in Art. 113 vor, dass die Nationalkriegsmacht, welche gegen die Feinde des Vaterlandes genutzt sei, nach den Befehlen des Vollzugsrates wirken müsse.[168] In Bezug auf die Nationalkriegsmacht zur Gewährung der inneren Sicherheit wird in Art. 112 klargestellt, dass sie allein nach

---

165 Art. 108 und 109 der Verfassung, vgl. *Rhigas Velestinlis*, Die Verfassung (Anm. 2), S. 93 (137).

166 Art. 112 und 113 der Verfassung, vgl. *Rhigas Velestinlis*, Die Verfassung (Anm. 2), S. 93 (139).

167 Art. 110 der Verfassung, vgl. *Rhigas Velestinlis*, Die Verfassung (Anm. 2), S. 93 (139).

168 Art. 113 der Verfassung, vgl. *Rhigas Velestinlis*, Die Verfassung (Anm. 2), S. 93 (139).

dem schriftlichen Gesuche der gesetzmäßig erwählten Obrigkeiten wirken dürfe.[169] Des Weiteren wird in Art. 114 Folgendes vorgeschrieben: „Kein Körper bewaffneter Menschen hat die Vollmacht dazu, eigenmächtig zu handeln oder zu befehlen, er hat nur die schriftlich erteilten Befehle der obrigkeitlichen Personen zu vollziehen".[170]

Zum Zwecke der effizienten Koordination der Streitkräfte zu Land und zu Wasser bei der Wahrnehmung ihrer Wehraufgaben in der Kriegszeit sieht Art. 111 verschiedene militärische Grade (nämlich Brigadier, General) vor, welche die Offiziere haben sowie ihre besonderen Ehrenzeichen und die Unterordnung der gemeinen Soldaten. Gleichzeitig wird aber in der gleichen Vorschrift besonders betont, dass allein der Kriegsdienst diese Klassifizierungen vorsehe. Nachdem aber der Krieg beendet sei, seien die Bürger der Hellenischen Demokratie gleich und Brüder.[171]

---

169 Art. 112 der Verfassung, vgl. *Rhigas Velestinlis*, Die Verfassung (Anm. 2), S. 93 (139).

170 Art. 114 der Verfassung, vgl. *Rhigas Velestinlis*, Die Verfassung (Anm. 2), S. 93 (139).

171 Art. 111 der Verfassung, vgl. *Rhigas Velestinlis*, Die Verfassung (Anm. 2), S. 93 (139).

V. Die Grundrechtscharta von Rhigas Velestinlis

Die liberale Natur der Staatslehre von Rhigas Velestinlis lässt sich besonders ausdrucksvoll aus seiner Grundrechtscharta ersehen, die den Kernpunkt seines Verfassungsentwurfes darstellt. Bei der Darstellung seiner Grundrechtslehre wird auf allgemeine Grundsätze (unten 1) und auf ihren spezifischen Inhalt anhand der Vorgabe des Grundrechtskatalogs (unten 2) eingegangen.

1. Zu den allgemeinen Grundsätzen der Grundrechtscharta von Rhigas

Aus einer Gesamtanschauung der Systematik der Grundrechtscharta von Rhigas lassen sich ihre allgemeinen Grundsätze ableiten: die Grundrechtsfunktionen (unten a), die Grundrechtsberechtigung und die Grundrechtsbindung (unten b), sowie die Grundrechtsbeschränkungen (unten c).

a) Grundrechtsfunktionen

Die Grundrechte in der Verfassung von Rhigas lassen sich von ihren Funktionen ausgehend in Abwehrrechte, in politische Rechte, in soziale Grundrechte und in Verfahrensrechte unterteilen.

Durch eine Reihe von Abwehrrechten bezweckte Rhigas den Zustand jedes Menschen innerhalb der Hellenischen Demokratie zu sichern, in dem der Einzelne seine Freiheit vom Staat hat, seine individuellen Probleme ohne den Staat lösen kann, sein gesellschaftliches Zusammenleben ohne den Staat regeln kann und seine Geschäfte ohne den Staat abwickeln kann. Die Abwehrrechte der Grundrechtscharta von Rhigas schützen entweder gewisse Freiheitspositionen der Menschen gegenüber Verletzungen (wie z.B. die Freiheit des Lebens und des Körpers aus Art. 2 i.V.m. Art. 18 Satz 2, die Religionsfreiheit, die Meinungsfreiheit, die Pressefreiheit aus Art. 7 oder die Berufsfreiheit aus Art. 17) oder formulieren Anforderungen, ohne die der Staat weder die Rechtsstellung des Einzelnen einschränken noch in sie

eingreifen darf (wie z.b. die Anforderungen an eine Enteignung zum Wohl
der Allgemeinheit aus Art. 19).

Über die Abwehrrechte hinaus sieht Rhigas in seiner Grundrechts-
charta eine Reihe von politischen Rechten vor, durch deren Umsetzung die
Gewährleistung der Teilnahme des Volkes an der Ausübung der staatlichen
Gewalt bezweckt wird. Insbesondere gewährleistet die Grundrechtscharta
von Rhigas den Bürgern der Hellenischen Demokratie ein Recht auf freien
Zugang zu öffentlichen Diensten (Art. 5), ein aktives Wahlrecht (Art. 29)
sowie ein passives Wahlrecht (Art. 28 Verfassung), ein Versammlungsrecht
(Art. 7) und ein Petitionsrecht (Art. 32).

Was die sozialen Grundrechte betrifft, führt Rhigas in seinem Grundrechtskatalog gewisse Grundrechte ein, woraus sich die Sozialstaatlichkeit
als primäres Element seiner Staatslehre ergibt. In diesem Sinne sichert Rhigas
in seiner Grundrechtscharta allen Menschen gewisse soziale Grundrechte
(wie die allgemeine Bildungs- und Schulfreiheit aus Art. 22, die Berufsfreiheit aus Art. 17, die soziale Sicherheit aus Art. 23) sowie Teilhaberechte
(wie die Beistandspflicht des Staates gegenüber all den unglücklichen Menschen aus Art. 21) zu.

Abschließend, schreibt Rhigas in seiner Grundrechtscharta eine Reihe
von Verfahrensrechten vor, die der Sicherung und Durchsetzung der materiellen Grundrechte und der Gebote des Rechtsstaates dienen (wie die
Rechtsschutzgarantien aus Art. 13 und Art. 14 und das Petitionsrecht aus
Art. 32).

b) Grundrechtsberechtigung und Grundrechtsbindung

Bei der Bestimmung des Kreises der Grundrechtsträger in der Grundrechtscharta von Rhigas ist es nötig, zwischen der Grundrechtsberechtigung von
natürlichen und juristischen Personen zu unterscheiden. In Bezug auf die
Grundrechtsberechtigung von Menschen führt Rhigas in seinem Grundrechtskatalog eine Reihe von Jedermannsrechten ein, die keine Eingrenzung
der Berechtigung in persönlicher Hinsicht vorsehen und jedem Menschen
zustehen, der innerhalb der Hellenischen Demokratie lebt. Als Beispiele für
Jedermannsrechte lassen sich die Meinungsfreiheit aus Art. 7 oder das Recht
auf einen gesetzlichen Richter aus Art. 14 nennen. Besonders erwähnenswert ist auch die frühe Fassung eines politischen Asylrechts aus Art. 120

seiner Verfassung für Fremde, denen ein Unrecht zugefügt wurde, und all diejenigen, die aus ihrer Heimat wegen der Sache der Freiheit verbannt sind.

Parallel zu den Jedermannsrechten führt Rhigas auch gewisse Rechte ein, die den Bürgern der „Hellenischen Demokratie" vorbehalten sind. Dabei geht es um politische Rechte, die denjenigen zugeschrieben sind, die über die Staatsangehörigkeit der Hellenischen Demokratie verfügen. Als Beispiele hierfür können das Recht auf freien Zugang zu den öffentlichen Diensten sowie das aktive und das passive Wahlrecht dienen.

Über die Grundrechtsfähigkeit von natürlichen Personen hinaus erstreckt Rhigas den Wirkungskreis seines Grundrechtskatalogs erheblich weit im Vergleich zu anderen Menschenrechtsdeklarationen dieser Zeit, indem er auch die Grundrechtsberechtigung von Personenmehrheiten anerkennt. Insbesondere schreibt er in Art. 7 seiner Grundrechtscharta politischen und religiösen Vereinigungen ein Versammlungsrecht zu: „das Recht, uns friedlich zu versammeln; die Freiheit jeder Art von Religion, des Christentums, des Islams, des Judentums usw., all das wird durch diese politische Staatsverwaltung nicht verhindert".[172]

Die Bestimmung der Adressaten der Grundrechtsbindung in der Grundrechtscharta von Rhigas lässt sich aus einer Gesamtanschauung der Präambel der Verfassung in Verbindung mit Art. 23 und 24 der Grundrechtscharta erkennen und betrifft sowohl die staatliche Gewalt als auch Privatrechtssubjekte. In Bezug auf die staatlichen Adressaten schreibt Rhigas in der Präambel seiner Verfassung vor, dass sich die öffentliche Erklärung des Menschenrechtskatalogs darauf richtet, die Träger jeder öffentlichen Gewalt bei der Wahrnehmung ihrer Aufgaben an die grundrechtlichen Anforderungen zu binden. Mit seinen eigenen Worten sieht er Folgendes vor: „Daher wird die folgende öffentliche Erklärung der kostbaren Rechte des Menschen und des freien Bewohners des Reiches feierlich verkündet, damit die Richter am deutlichsten wissen, welches ihre unablässige Pflicht gegenüber den freien Bürgern ist, wenn sie über sie urteilen und damit die Gesetzgeber und die höchsten Amtsträger die aufrichtigste Grundregel kennen, gemäß

---

172 Art. 7 der Grundrechtscharta, vgl. *Rhigas Velestinlis*, Die Menschenrechte (Anm. 3), S. 69 (75).

der ihr Beruf geregelt ist und auf die Glückseligkeit der Bürger ausgerichtet werden muss".[173]

Diese Proklamation der Präambel wird in der Grundrechtscharta durch ihre Verbürgung in einer eigenen Vorschrift verbindlich wiederholt. Art. 24 fordert, dass die Grenzen der öffentlichen Ämter genau von dem Gesetz bestimmt worden sein müssen und es ausdrücklich verordnet werden müsse, dass alle Beamten Rechenschaft ablegen sollen.[174]

Wie bereits erwähnt, richtet sich die Grundrechtsbindung in der Charta von Rhigas jedoch nicht nur an staatliche, sondern auch an private Adressaten. Rhigas macht die effiziente Gewährleistung der Rechte jedes Menschen innerhalb der Hellenischen Demokratie auch von der Mitwirkung seiner Mitmenschen abhängig. Art. 22 schreibt dazu vor: „Die gemeinschaftliche Begründung und Sicherheit des einzelnen Bürgers hat Bezug auf die Kraft der gesamten Bürger. Deswegen müssen wir denken, dass, wenn einer eine Schädigung erleidet, werden alle dadurch betroffen, und deswegen ist es Pflicht, dass wir in Beziehung zu einem jeden die Verwaltung und Unverletzlichkeit seiner Rechte begründen".[175]

c) Grundrechtsbeschränkungen

Im Verfassungsentwurf von Rhigas wird eine frühe Fassung von zwei elementaren Begriffen der aktuellen Grundrechtslehre vorgesehen. Rhigas führt wörtlich eine frühe Fassung eines allgemeinen Gesetzesvorbehalts ein und gleichzeitig implementiert er die Möglichkeit der Funktion des kollidierenden Verfassungsrechts als Grundlage einer Grundrechtsbegrenzung.

Insbesondere setzt er ausdrücklich als Legitimationsgrundlage jeder Beschränkung von Grundrechten eine gesetzliche Ermächtigung dazu voraus, ohne einen Unterschied zu machen, ob es um einen staatlichen oder um einen privaten Eingriff geht. Rhigas schreibt: „Die Freiheit (...) hat das Gesetz als Schutz, weil das Gesetz bestimmt, bis wohin wir frei sein dürfen".

---

173 *Rhigas Velestinlis*, Neue Politische Staatsverwaltung (Anm. 1), S. 61 (65).
174 Art. 24 der Grundrechtscharta, vgl. *Rhigas Velestinlis*, Die Menschenrechte (Anm. 3), S. 69 (85).
175 Art. 22 der Grundrechtscharta, vgl. *Rhigas Velestinlis*, Die Menschenrechte (Anm. 3), S. 69 (83).

Das Gesetz übernimmt in der Grundrechtslehre von Rhigas die Rolle des Wächters der Freiheit.

Die effiziente Umsetzung der Grundrechte setzt nach Rhigas weiterhin die Gerechtigkeit als Regel voraus. Über den Gesetzgeber hinaus müsse also auch der Richter für die gerechte Umsetzung der Grundrechte jedes Menschen sorgen. Dies könne nach Rhigas durch die ausgewogene Lösung von beliebigen Grundrechtskonflikten erfolgen, die immer auf der Grundlage gerichtet werden sollen, dass jeder Mensch frei zu tun sei, was den Rechten seines Nächsten nicht schadet. Durch diese Aussage implementiert Rhigas die Möglichkeit der Grundrechtsbegrenzung unter Berufung auf kollidierende Grundrechte. Rhigas schreibt dazu vor: „Die Freiheit ist jene Kraft des Menschen, all das zu tun, was den Rechten seines Nächsten nicht schadet. (…) Die Freiheit hat die Gerechtigkeit als Regel, weil die gerechte Freiheit gut ist; (…). Die moralische Grenze der Freiheit ist diese Maxime: Tue niemandem das an, was du nicht willst, das man es dir antut".[176]

Die oben beschriebene Systematik der Grundrechtsbeschränkungen wird in der Charta von Rhigas durch die Einführung einer Schranken-Schranke, nämlich einer frühen Auffassung einer Wesensgehaltsgarantie, vollendet. Gewiss lässt sich ein Grundrecht, wie schon ausgeführt, aufgrund eines Gesetzes oder durch kollidierendes Verfassungsrecht beschränken. Keine Grundrechtsbeschränkung darf aber nach dem Wortlaut des Art. 1 übermäßig sein, sodass sie keine Beschränkung, sondern eine Entziehung von Grundrechtspositionen zur Folge hätte. In diesem Sinne schreibt Rhigas in der vorgenannten Vorschrift sehr ausdrucksvoll vor, dass die Menschen ihre natürlichen Rechte sicher genießen können und ihnen niemand auf der Erde die natürlichen Menschenrechte nehmen dürfe.[177]

2. Zum Inhalt der Grundrechtscharta von Rhigas

Die Struktur der Grundrechtscharta von Rhigas beruht auf den Parolen der französischen Deklaration der Menschenrechte (26 August 1789), d.h. den

---

176 Art. 6 der Grundrechtscharta, vgl. *Rhigas Velestinlis*, Die Menschenrechte (Anm. 3), S. 69 (72).
177 Art. 1 der Grundrechtscharta, vgl. *Rhigas Velestinlis*, Die Menschenrechte (Anm. 3), S. 69 (71).

Grundsätzen der Freiheit, Gleichheit und Brüderlichkeit, die Rhigas im Titel seines Verfassungsentwurfes proklamiert hat. Die Menschenrechte seines Grundrechtskatalogs lassen sich von ihrem Inhalt ausgehend in Gleichheitsrechte (unten a), in Freiheitsrechte (unten b) sowie in Solidaritätsrechte (unten c) unterscheiden. Auf die Darstellung der Komponenten der vorgenannten Rechtetrias wird zunächst eingegangen.

a) Gleichheitsrechte

Das Grundprinzip der Gleichheit kommt in der Grundrechtscharta von Rhigas sowohl durch einen allgemeinen Satz als auch durch eine Reihe von bereichsspezifischen Ausprägungen zur Geltung. Seine allgemeine Proklamation erfolgt in Art. 2, in dem Rhigas einen allgemeinen Gleichheitssatz für alle Menschen einführt. Mit seinen eigenen Worten schreibt Rhigas in Art. 2: „Wir sind alle gleich und niemand ist dem anderen überlegen".[178] Zur Vertiefung dieses allgemeinen Grundsatzes führt er in Art. 3 das folgende Diskriminierungsverbot ein: „Alle Menschen, Christen und Türken, sind von Natur aus gleich".[179]

Die erste spezielle Ausprägung des vorgenannten allgemeinen Gleichheitssatzes betrifft die Gleichheit aller Menschen vor dem Gesetz, unabhängig von ihrer Abstammung oder ihrem finanziellen Status. Rhigas schreibt in Art. 3 vor: „Wenn jemand, egal aus welchen sozialen Verhältnissen er kommt, sich einer Straftat schuldig macht, ist das Gesetz immer gleich für die gleiche Straftat und unveränderlich, das heißt für die gleiche Straftat wird der Reiche nicht milder und der Arme nicht härter bestraft, sondern beide gleich".[180] Die Gebundenheit aller Menschen an das Gesetz ergibt sich daraus, dass Rhigas vorschreibt, dass „es die freie Entscheidung darstellt, die durch das Einverständnis des ganzen Volkes getroffen worden ist, (...) das ist Gesetz, weil wir selbst es akzeptieren und wollen. Das Gesetz habe

---

178 Art. 2 der Grundrechtscharta, vgl. *Rhigas Velestinlis*, Die Menschenrechte (Anm. 3), S. 69 (71).
179 Art. 3 der Grundrechtscharta, vgl. *Rhigas Velestinlis*, Die Menschenrechte (Anm. 3), S. 69 (71).
180 Art. 3 der Grundrechtscharta, vgl. *Rhigas Velestinlis*, Die Menschenrechte (Anm. 3), S. 69 (71).

immer das zu befehlen, was gerecht und nützlich für die Gesellschaft ist, und das zu verhindern, was uns schadet".[181]

Die zweite Ausprägung betrifft das gleiche Recht aller Bürger auf Zugang zu den öffentlichen Ämtern aus Art. 5. Rhigas führt einen Chancengleichheitssatz auf Zugang zu den öffentlichen Ämtern ein, indem er die Besetzung von öffentlichen Ämtern nur von der Befähigung und der Eignung des jeweiligen Bewerbers abhängig macht. „Alle Mitbürger können öffentliche Ämter bekleiden. Die freien Nationen kennen kein anderes Motiv bei ihrer Wahl als die Vernunft und den Fortschritt. D.h. jeder, wenn er eines öffentlichen Amtes würdig und fähig ist, kann es bekommen. D.h. umgekehrt, wenn man dessen unwürdig und unfähig ist, darf es ihm nicht gegeben werden, denn weil er nicht weiß, wie er das Amt auszuüben hat, begeht er Fehler und schadet durch sein Unwissen und seine Unfähigkeit der Öffentlichkeit".[182]

Noch einen speziellen Gleichheitssatz verbürgt Art. 29, der die Gleichheit und Allgemeinheit der Wahl anordnet. Die Wahl jedes Bürgers müsse nach Art. 29 den gleichen Zählwert und den gleichen Erfolgswert haben. In diesem Sinne schreibt Rhigas in Bezug auf das aktive Wahlrecht vor: „Jeder Bürger hat das gleiche Recht wie die anderen, mitzuwirken, dass ein Gesetz gemacht werde oder um obrigkeitliche Personen, Räte, Befehlshaber der Armee und Vorsteher des Volkes zu ernennen".[183]

Neben dem aktiven Wahlrecht sichert die Verfassung von Rhigas auch das passive Wahlrecht jedes Bürgers der Hellenischen Demokratie, indem er in Art. 28 jedem Bürger das Recht zuschreibt, an der Wahl teilzunehmen und die Stimme seiner Mitbürger zu beanspruchen. Art. 28 schreibt vor: „Jeder Ansässige, welcher die Rechte des Bürgers erlangt hat, ist würdig, in der ganzen Ausdehnung der Demokratie gewählt zu werden".[184]

Noch eine thematische Komponente des Gleichheitssatzes im Verfassungsentwurf von Rhigas stellt die Steuergleichheit aus Art. 101 der

---

181 Art. 4 der Grundrechtscharta, vgl. *Rhigas Velestinlis*, Die Menschenrechte (Anm. 3), S. 69 (71).

182 Art. 5 der Grundrechtscharta vgl. *Rhigas Velestinlis*, Die Menschenrechte (Anm. 3), S. 69 (73).

183 Art. 29 der Grundrechtscharta, vgl. *Rhigas Velestinlis*, Die Menschenrechte (Anm. 3), S. 69 (87).

184 Art. 28 der Grundrechtscharta, vgl. *Rhigas Velestinlis*, Die Menschenrechte (Anm. 3), S. 69 (85).

Verfassung dar. Die vorgenannte Vorschrift begründet ein Diskriminierungsverbot in Bezug auf die Steuerpflicht der Bürger. Demnach fordert Rhigas keine schematische Gleichheit, vielmehr eine sachgemäße Differenzierung der steuerlichen Belastung. Alle Bürger müssen anhand ihrer Leistungsfähigkeit zur Bewältigung der durch die Besteuerung angestrebten öffentlichen Zwecke beitragen. Art. 101 sieht vor: „Kein Bürger wird von der ehrenvollen Pflicht ausgeschlossen, nach Vermögen und Reichtum seine Gaben für die vaterländischen Bedürfnisse beizutragen".[185]

Abschließend sind die Vorschriften der Grundrechtsverfassung von Rhigas über die Gleichheit zwischen Männern und Frauen besonders hervorzuheben. Art. 109 schreibt vor: „Alle Griechen sind Soldaten; alle müssen sich in den Waffen üben, und nach dem Ziele schießen. Alle müssen exerzieren lernen. Selbst die Griechinnen tragen Dolche in der Hand, wenn sie zur Muskete nicht tauglich sind". In Bezug auf die Ausbildungsfreiheit schreibt Art. 22 der Grundrechtscharta vor: „Das Vaterland muss also an allen Orten für Knaben und Mädchen Schulen errichten; die Wissenschaften bewirken jenes Übergewicht, mit welchem freie Volker prangen".[186]

b) Freiheitsrechte

Der systematische Aufbau der Gewährleistung der Freiheitsrechte in der Grundrechtscharta von Rhigas entfaltet viele Gemeinsamkeiten mit der vorgestellten Systematik der Gleichheitsrechte. Rhigas geht bei der Gewährleistung der Freiheitsrechte von einer Proklamation eines allgemeinen Freiheitssatzes aus, wie Art. 2 zeigt: „Diese natürlichen Menschenrechte sind, (…) dass wir frei sind, und nicht, dass jemand den anderen versklavt".[187]

Dieser allgemeine Freiheitssatz wird durch eine Reihe von Vorschriften spezifiziert. Die erste Ausprägung des Freiheitssatzes stellt das Recht auf Leben und körperliche Unversehrtheit aus Art. 2 i.V.m. Art. 18 dar. Jedem Menschen wird ein Recht auf Leben und auf körperliche Unversehrtheit

---

185 Art. 101 der Grundrechtscharta, vgl. *Rhigas Velestinlis*, Die Menschenrechte (Anm. 3), S. 69 (135).
186 Art. 22 der Grundrechtscharta, vgl. *Rhigas Velestinlis*, Die Menschenrechte (Anm. 3), S. 69 (83).
187 Art. 2 der Grundrechtscharta, vgl. *Rhigas Velestinlis*, Die Menschenrechte (Anm. 3), S. 69 (71).

zugebilligt: „Diese natürlichen Rechte sind, (...) dass wir unseres Lebens sicher sind, und dass niemand uns dieses Leben ungerecht und willkürlich nehmen kann".[188] Im Anschluss daran führt Art. 18 Satz 2 ein Sklavereiverbot ein: „Das Gesetz kennt weder Leibeigenschaft noch Sklaverei". An der gleichen Stelle setzt Rhigas dem vorliegenden Selbstverfügungsrecht der Menschen über Leben und Körper jedoch eine gewisse Grenze, indem er unter Anlehnung an die antike athenische Staatslehre eine gewisse Sozialverbundenheit der Existenz jedes Menschen anerkennt. Mit seinen Worten führt er aus, dass „die Person nicht ausschließlich ein Eigentum eines jeden, sondern insbesondere auch des Vaterlandes ist".[189]

Neben der vorgenannten Ausprägung der körperlichen Unversehrtheit nimmt Rhigas in seiner Grundrechtscharta besondere Rücksicht auf die geistige Freiheit, insbesondere die Selbstdarstellungsfreiheit der Menschen. Ausgangspunkt der grundrechtlichen Gewährleistung der Entfaltungsfreiheit der Menschen stellt im Werk von Rhigas die Gewährung der Meinungs- und Pressefreiheit dar. Jeder Mensch verfügt in der Hellenischen Demokratie über das Recht, seine Meinungen und Gedanken frei und ungehindert in Wort, Schrift oder durch die Presse auszudrücken und zu veröffentlichen. Dies stellt zugleich den Grundstein der Hellenischen Demokratie dar, die in vielen Teilen die direkte Teilnahme der Bürger an der Staatsregierung vorsieht, deren effiziente Umsetzung von der Gewährung eines freien öffentlichen Dialogs abhängt. Rhigas schreibt dazu: „Das Recht, unsere Meinungen und Gedanken durch die Presse oder durch einen anderen beliebigen Weg öffentlich auszudrücken, kann nicht untergesagt werden".[190]

Neben der Meinungsfreiheit wird in Art. 32 ein Petitionsrecht gewährt, nach dem jeder Bürger über das Recht verfügt, an die Behörden Bitten und Beschwerden bezüglich der Ausübung öffentlicher Gewalt zu richten. In diesem Sinne schreibt Art. 32 Folgendes vor: „Das Recht, dass ein jeder Bürger eine schriftliche Anzeige machen und sich wegen was auch immer für einer

---

188 Art. 2 der Grundrechtscharta, vgl. *Rhigas Velestinlis*, Die Menschenrechte (Anm. 3), S. 69 (71).
189 Art. 18 der Grundrechtscharta, vgl. *Rhigas Velestinlis*, Die Menschenrechte (Anm. 3), S. 69 (81).
190 Art. 7 Satz. 1 der Grundrechtscharta, vgl. *Rhigas Velestinlis*, Die Menschenrechte (Anm. 3), S. 69 (75).

Beeinträchtigung beschweren kann, welche ihm von denjenigen widerfahrt, welche die Regierung des Volkes in ihren Händen haben, darf auf keine Weise gehindert werden. Auch darf nie gesagt werden, dass nun nicht Zeit und Ort zur Annahme wäre, sondern die Anzeige ist jedes Mal anzunehmen, zu welcher Stunde auch immer der klagende Bürger erscheint".[191]

Zu der Reihe der besonderen Ausprägungen der Entfaltungsfreiheit der Menschen zählt ferner die in Art. 7 Satz 2 vorgesehene Religionsfreiheit: „Die Freiheit jeder Art von Religion, des Christentums, des Islams, des Judentums usw., all das ist durch diese politische Staatsverwaltung nicht verhindert".[192] Zur Erleichterung der freien Ausübung sowohl der religiösen als auch der politischen Rechte führt Rhigas fernen das Recht aller Menschen ein, sich friedlich zu versammeln.

Eine weitere elementare Ausprägung des Selbstbestimmungsrechts stellt die Eigentumsfreiheit aus Art. 16 i.V.m. Art. 18 dar. Art. 16 bestimmt den grundrechtswürdigen Schutzinhalt der Eigentumsfreiheit und erkennt von seinem Wortlaut ausgehend jedem Menschen ein Recht auf Schutz seines durch Arbeit, Kunst und Betriebsamkeit erworbenen Bestands an vermögenswerten Gütern an. Art. 16 schreibt vor: „Die Befugnis, freie Eigentumsrechte friedlich zu verwalten, kommt einem jeden Bewohner des Staates zu. Er genießt also und verwendet nach seinem eigenen Willen; er erwirbt Einkünfte, die Früchte seiner Kunst, seiner Arbeit, seiner Betriebsamkeit, ohne dass jemand ihn jemals auch nur im geringsten gegen seinen Willen daran hindern kann".[193]

Der Umfang des vorgenannten Selbstverfügungsrechts des Eigentümers über sein Eigentum wird weiterhin in Art. 19 bestimmt, in dem vorgesehen wird, dass es sich nur unter Berufung auf überwiegendes öffentliches Interesse und durch eine vorherige Entschädigung beschränken lässt. Art. 19 schreibt insbesondere vor: „Kein Mensch darf, auch nicht im mindesten seiner Güter, gegen seinen Willen beraubt werden. Doch wenn der allgemeine

---

191 Art. 32 der Grundrechtscharta, vgl. *Rhigas Velestinlis*, Die Menschenrechte (Anm. 3), S. 69 (87).

192 Art. 7 Satz 2 der Grundrechtscharta, vgl. *Rhigas Velestinlis*, Die Menschenrechte (Anm. 3), S. 69 (75).

193 Art. 16 der Grundrechtscharta, vgl. *Rhigas Velestinlis*, Die Menschenrechte (Anm. 3), S. 69 (79).

Nutzen es fordert, z.B. wenn das Vaterland den Garten eines Bürgers verlangt, um einen Markplatz oder was auch immer für ein Gebäude anzulegen; so wird der Garten geschätzt, der Eigentümer entschädigt und der Markplatz oder das Gebäude angelegt".[194]

Die Darstellung der Freiheitsrechte setzt sich mit der Schulfreiheit aus Art. 22 fort. Wie bereits ausgeführt, hielt es Rhigas für die Grundbedingung einer effizienten Umsetzung seiner Revolutionsplane sowie seiner politischen Vision der Einrichtung der Hellenischen Demokratie, dass die Ausbildung der unterjochten Griechen erfolgt. Zu diesem Zweck führt er in Art. 22 ein Recht aller Menschen, unabhängig von ihrem Geschlecht, auf Zugang zu einer Grundausbildung ein. Mit diesem Recht korrespondiert eine Pflicht des Staates, Schulen einzurichten und zu fördern. Art. 22 schreibt dem Staat einen Erziehungs- und Bildungsauftrag vor. Diesen müsse er durch die Organisation, Leitung, Planung und Beaufsichtigung des Schulwesens erfüllen. Besondere Rücksicht nimmt Rhigas auch bei der Einrichtung des Studienprogramms, indem er die Unterrichtung all der alten Geschichtsschreiber verlangt. Allerdings stellte die Bewahrung des historischen kollektiven Gedächtnisses der Griechen eine der Prioritäten seines Planes zur Vorbereitung des bewaffneten Aufstandes der unterjochten Griechen gegen die osmanische Herrschaft dar. Deshalb führt er in Art. 22 aus: „Alle ohne Ausnahme haben die Pflicht, Lesen und Schreiben und dadurch die allgemein nötigen und nützlichen Erkenntnisse zu erlernen. Das Vaterland muss also an allen Orten für Knaben und Mädchen Schulen errichten; die Wissenschaften bewirken jene Überlegenheit, mit welcher freie Völker sich von anderen abheben. Dies beweisen die alten Geschichtsschreiber".[195]

Über die grundrechtliche Gewährleistung des Schulwesens hinaus nimmt Rhigas in seiner Grundrechtscharta besondere Rücksicht auf die elementare Institution des Rechtsfindungsverfahrens, indem er eine Reihe gerichtsbezogener Garantien einführt, die sich in der aktuellen Grundrechtslehre als Justizgrundrechte bezeichnen lassen. Insbesondere sind dies die Rechte auf den gesetzlichen Richter, der Anspruch auf rechtliches Gehör sowie

---

194 Art. 19 der Grundrechtscharta, vgl. *Rhigas Velestinlis*, Die Menschenrechte (Anm. 3), S. 69 (81).

195 Art. 22 der Grundrechtscharta, vgl. *Rhigas Velestinlis*, Die Menschenrechte (Anm. 3), S. 69 (83).

der Grundsatz nulla poena sine lege, die sich aus Art. 14 ableiten lassen. Die Gewährleistung von Justizgrundrechten stellte im Verfassungswerk von Rhigas einen der Grundsteine des Aufbaus eines Rechtsstaates dar. Das Recht auf den gesetzlichen Richter sichert den an einem gerichtlichen Verfahren Beteiligten die Möglichkeit, von unparteiischen, unbefangenen und gerechten Männer beurteilt zu werden (Art. 14 Satz 2).[196] Zur effektiven Verteidigung seiner Interessen vor Gericht gewährt Art. 14 Satz 1 weiterhin jedem Menschen die Möglichkeit, sich vor einer Entscheidung in tatsächlicher und rechtlicher Hinsicht zur Sache zu äußern.[197] Die Darstellung der Justizgrundrechte wird durch den in Art. 14 Satz 3 vorgesehenen strafrechtlichen Grundsatz „nullum crimen, nulla poena sine lege"[198] abgerundet. Rhigas zielt durch die ausdrückliche grundrechtliche Gewährleistung des vorgenannten Grundsatzes darauf ab, dass jedem Menschen die Möglichkeit eröffnet ist, vom Inhalt der Gesetze Kenntnis zu nehmen. Die Strafbarkeit einer jeden Straftat müsse gesetzlich vorbestimmt sein, bevor es zur Begehung der Tat kommt. Mit eigenen Worten schreibt Rhigas dazu Folgendes vor: „Kein Mensch soll gerichtet und keiner bestraft werden, wenn er seine Rechtfertigungsgründe noch nicht vollständig vorgebracht und man ihn nicht gemäß der Gesetze vor das Gericht gerufen hat. Und nur dann soll er bestraft werden, wenn die Tat vor dem Verbrechen schon sanktioniert war".[199]

Zum Abschluss der Darstellung der Freiheitsrechte im Verfassungswerk von Rhigas wird auf die letzte Vorschrift seiner Grundrechtscharta eingegangen, in der dem Volk ein Widerstandsrecht vorbehalten wird. Dadurch wird der Schutz der Verfassungsordnung zum Recht des Volkes gemacht. Dabei geht es jedoch um keine bedingungslose verfassungsrechtliche Ermächtigung des Volkes. Die Voraussetzungen des Widerstandsrechts liegen nach Rhigas erst dann vor, wenn die Verfassungsordnung nicht mehr

---

196 Art. 14 Satz 2 der Grundrechtscharta, vgl. *Rhigas Velestinlis*, Die Menschenrechte (Anm. 3), S. 69 (79).

197 Art. 14 Satz 1 der Grundrechtscharta, vgl. *Rhigas Velestinlis*, Die Menschenrechte (Anm. 3), S. 69 (79).

198 Art. 14 Satz 2 der Grundrechtscharta, vgl. *Rhigas Velestinlis*, Die Menschenrechte (Anm. 3), S. 69 (79).

199 Art. 14 Satz 1 der Grundrechtscharta, vgl. *Rhigas Velestinlis*, Die Menschenrechte (Anm. 3), S. 69 (79).

funktioniert. Dies ist der Fall, wenn die Staatsverwaltung die Rechte des Volkes durch Zwang missachtet und verletzt. In diesem Sinne sieht Art. 35 vor: „Wenn die Staatsverwaltung die Rechte des Volkes missachtet, durch Zwang verletzt, vernichtet und seine Klagen nicht hört, alsdann erhebe das Volk einen Aufstand; es ergreife die Waffen und strafe seine Tyrannen; dieses ist heiliger als alle seine Rechte und unerlässlicher als alle seine Pflichten".[200]

c) Solidaritätspflichten

Neben den vorgenannten Gleichheits- und Freiheitsrechten führt Rhigas in seiner Grundrechtscharta gewisse Solidaritätspflichten ein, wodurch er den Aufbau einer engen Verbundenheit jedes Menschen zum Volk und umgekehrt beabsichtigt. Die Gewährleistung der Rechte jenes Menschen innerhalb der Hellenischen Demokratie hängt vom Beistand des ganzen Volkes ab. Im gleichen Sinne wird umgekehrt die Sicherstellung der Verfassungsordnung und des Selbstbestimmungsrechts der Hellenischen Demokratie vom Beistand jedes Menschen abhängig gemacht.

Rhigas bezweckt durch Art. 8, 23 und 34 seiner Grundrechtscharta allen Menschen dabei zu helfen, es sich bewusst zu machen, dass Solidarität und Toleranz die wichtigsten Fundamente ihres demokratischen Zusammenlebens darstellen. Die bewusste Entscheidung freier Menschen, ständig für die Rechte ihrer Mitmenschen sowie des ganzen Staates zu sorgen, spiegelt das Kernwesen der antiken athenischen Demokratie wider.

Mit eigenen Worten führt Rhigas zu den Solidaritätspflichten Folgendes aus: „Die Sicherheit ist jener Schutz, der durch die ganze Nation und das Volk jedem Menschen hinsichtlich seiner Person, seiner Rechte und seines Eigentums eingeräumt wird. Dies bedeutet, dass wenn jemand einem einzigen Menschen Schaden zufügt oder ihm zu Unrecht etwas nimmt, dann soll das ganze Volk gegen diesen Tyrannen aufstehen und ihn vertreiben. Die gemeinschaftliche Begründung und Sicherheit des einzelnen Bürgers stützt sich auf die Kraft der gesamten Bürger.[201] Deswegen müssen wir

---

200 Art. 35 der Grundrechtscharta, vgl. *Rhigas Velestinlis*, Die Menschenrechte (Anm. 3), S. 69 (89).
201 Art. 8 der Grundrechtscharta, vgl. *Rhigas Velestinlis*, Die Menschenrechte (Anm. 3), S. 69 (75).

denken, dass, wenn einer was auch immer für eine Schädigung erleidet, alle dadurch betroffen werden; und deswegen ist es unsere Pflicht, dass wir in Beziehung eines jeden die Verwaltung und Unverletzlichkeit seiner Rechte begründen. Eben diese Sicherheit fußt auf dem unbeschränkten Willen des Volkes; wenn also ein einzelner Bürger widerrechtlich gekränkt wird, so wird das gesamte Volk dadurch widerrechtlich gekränkt. Wenn ein einzelner Bürger dieses Reiches misshandelt wird, so wird das ganze Reich zugleich misshandelt; und umgekehrt, wenn das Reich misshandelt und bekriegt wird, so wird jeder einzelne Bürger misshandelt und bekriegt. Deswegen kann keiner jemals sagen: ‚Jene Provinz wird bekriegt, das kümmert mich nicht; ich lebe in der meinigen ruhig‘; sondern: ‚Ich werde bekriegt, wenn jene Provinz leidet; weil ich ein Teil des Ganzen bin‘. Der Bulgare muss in Bewegung kommen, wenn der Grieche leidet; und ebenso dieser wegen des jenen, und beide wegen des Albaners und des Vlachen (d.h. des Moldauers und des Walachen.)“.[202]

---

202 Art. 34 der Grundrechtscharta, vgl. *Rhigas Velestinlis*, Die Menschenrechte (Anm. 3), S. 69 (89).

VI. Ursprünge der Staatslehre von Rhigas Velestinlis

In diesem Kapitel des vorliegenden Buches wird ein Überblick über die Ursprünge der Staatslehre von Rhigas Velestinlis (unten 1) erfolgen und auf ihre systematische Darstellung anhand seines Verfassungswerkes (unten 2) eingegangen.

1. Ein Überblick der Ursprünge von Rhigas Velestinlis Verfassungswerk

Die effiziente Umsetzung der politischen Pläne von Rhigas Velestinlis zur Gründung eines neuen demokratischen Staates, der Hellenischen Demokratie, an der Stelle des Osmanischen Reichs setzte die vorherige Fertigstellung eines eigenen politischen Systems voraus, von dem ausgehend die Griechen mit eigenen Kräften einen neuen Staat aufbauen konnten.

Obwohl viele Griechen es sich schon früher als Rhigas bewusst gemacht hatten, dass ihre Befreiung vom Osmanischen Reich nur mit der geistigen Aufklärung der Griechen anfangen konnte und bereits in diese Richtung gearbeitet hatten, hatten ihre Bemühungen keine Aussicht auf Erfolg, weil sie darüber hinaus über keinen politischen Plan für die Erreichung des finalen Zwecks, nämlich der Einrichtung eines neuen Freistaates, verfügten.[203] Die Berufung auf die geistige und kulturelle Geschichte der Griechen diente solange ausschließlich als eine Quelle historischer Vorbilder, die die Griechen psychologisch zum bewaffneten Aufstand ermutigen konnten.

Das Nichtvorhandensein einer politischen Theorie zur Bildung eines neuen Staates lag nach Nikolaos Pantazopoulos daran, dass die Griechen keine Rücksicht auf die Quelle des byzantinischen Rechts, nämlich auf das antike griechisch-römische Recht und weiterhin auf seine Rolle als die Basis für die Umsetzung von politischen Zielsetzungen, genommen hatten.[204] Das

---

203 Zu den berühmtesten Wegbereitern der griechischen Revolution gehört Lampros Katsonis (Anm. 10).

204 Siehe dazu: *Zakynthinos*, The Making of Modern Greece. From Byzantium to Independence, Oxford 1976.

Ergebnis war, dass die Griechen jahrelang den erfolgreichen Abschluss ihres Kampfes von dem zufälligen Beistand der derzeitigen Großmächte abhängig machten, den sie erwarteten.[205]

Diesen Erwartungen beabsichtigte Rhigas durch sein Werk, ein Ende zu bereiten. Das Mittel dazu war die Stärkung des Selbstvertrauens der Griechen durch das Bereitstellen einer Staatslehre zum Aufbau eines neuen Freistaates. Bei der Konstruierung seiner Staatslehre ging er vom Vorbild der Verfassungen der Französischen Revolution als Resultat des Geistes der antiken griechisch-römischen Rechtskultur und der Lehre der Humanisten aus. Dieses Vorbild hatte er jedoch in Anlehnung an die im Laufe der Zeit unter den Griechen gewohnheitsrechtlich entwickelte politische Praxis des Kinotismus modifiziert und ihm im Geiste des Christentums eine universale Dimension verliehen.[206]

Rhigas ist dem Beispiel und der Systematik der Humanisten gefolgt, indem er auf die antiken griechisch-römischen Rechtsquellen zurückgegriffen hatte, um daraus wichtige Grundsätze abzuleiten, die er daraufhin für die Erstellung seines Verfassungsentwurfs und seiner Grundrechtscharta nutzte. Seit dem 15. Jahrhundert hatten bereits einige Griechen sowie andere europäische Humanisten in ihren Schriften von der Rolle des Rechts als Mittel zur Verwirklichung politischer Ziele gesprochen. Thomas Diplovaltatzis (1468–1541) hat in seinem berühmten Werk „De claris Jurisconsultus" die Position vertreten, dass die sich von den Vertretern der Renaissance vorgestellte europäische Kultur auf dem Vorbild des antiken griechischen und römischen Rechts beruhen sollte.[207]

Seine Lehre erfuhr von vielen anderen berühmten europäischen Humanisten Resonanz, wie etwa Praeteius,[208] Petitus,[209] Sigonius,[210] und Salmasius,[211]

---

205 *Pantazopoulos*, Rigas Velestinlis. Legend and Reality, Athen 1994, S. 10 ff.

206 *Pantazopoulos*, Rigas Velestinlis. Legend and Reality, Athen 1994, S. 14 ff.

207 Siehe dazu: *Mavrogiannis*, Recherches documentaires sur la vie et l'œuvre d'histoire litteraire de la Jurisprudence du jurisconsulte grec Thomas Diplovatatzis, 1468–1541, Paris 1965.

208 *Pardulphus Prateius*, Jurisprudentia vetus und Commentaria ad ius Atticum et Romanum, Paris 1645.

209 *Samuel Petitus*, Leges Atticae, Paris 1615, 1635.

210 *Carolus Sigonius*, De Republica Atheniensium, Paris 1564.

211 *Claudius Salmasius*, Observationes ad ius Atticum et Romanum, Paris 1630.

die von den Idealen der Antike inspiriert wurden und sich mit ihrem Verständnis und ihrer Bewertung auseinandergesetzt hatten. Insbesondere haben berühmte Rechtslehrer die Quellen des byzantinischen Rechts zur Aufbereitung der originalen Form des römischen Rechts studiert, die einen repräsentativen Ausdruck der griechisch-römischen Kultur darstellte und deren Kodifizierung als die Basis der nationalen Rechtsordnungen vieler europäischen Ländern dient.[212]

Den berühmtesten Fall einer effizienten Verkörperung der Ideale der griechisch-römischen Rechtskultur und insbesondere der natürlichen Rechte der Menschen in einer nationalen Rechtsordnung stellen auf europäische Ebene die Deklaration der Menschenrechten aus dem Jahr 1789 sowie die Verfassungen der Französischen Revolution von 1793 dar. Diese Vorgaben haben als Vorbild für das politische Werk Rhigas gedient.

Rhigas hat jedoch bewusst vermieden, eine bloße Übersetzung der Texte der Deklaration und der Verfassungen der Französischen Revolution (bzw. der jakobinischen Verfassung von 1793) zu erstellen, sondern hat sich bemüht, die Grundsätze dieser politischen Texte wesentlich zu modifizieren, damit sie auf die soziale und politische Realität in Griechenland sowie im übrigen Balkanraum passten und die Einrichtung eines übernationalen demokratisches Staates ermöglichten. Wichtige Mittel zur Verwirklichung dieses Ziels waren die antike athenische Staatslehre, das Selbstverwaltungsmodell der griechischen Gemeinden sowie die Naturrechtslehre der Stoiker und des Christentums.

2. Systematische Darstellung der Ursprünge von Rhigas Velestinlis Verfassungswerk

Bei der systematischen Darstellung der Ursprünge der Staatslehre von Rhigas wird auf die Vorschriften in seinem Verfassungswerk, die die antike athenische Staatslehre (unten a), das Selbstverwaltungsmodell der griechischen

---

212 Zu den berühmtesten davon gehören: Guillielmus Budaeus (1467–1540), Adnotationes in XXIV libros Pandectarum (1508); Ulerichus Zasius (1461–1535), Scholia (1518) und Intellectus juris singularis (1526); Andrea Alciatus (1492–1550), Adnoatationes in tres posteriores Codicis libros (1513) und Paradoxa (1518); Hugo Donellus (1527–1591) Commentiari de Jure civili; Dionysius Godofredus (1549–1624), Corpus Juris Civilis.

Gemeinden (unten b), und die ökumenische naturrechtliche Lehre der Stoiker und des Christentums (unten c) widerspiegeln, Bezug genommen.

a) Elemente der antiken athenischen Staatslehre

Die antike athenische Staatslehre stellt eine der politischen Quellen dar, aus denen Rhigas wichtige Elemente zum Zwecke der demokratischen Organisation seines Staates abgeleitet hatte. Rhigas wurde vom politischen Werk und der Gesetzgebung von Solon sowie von der Athenischen Demokratie des 5. Jahrhunderts erheblich beeinflusst.

aa) Elemente der klassischen athenischen Staatslehre

Nach dem Beispiel der Vorgaben der athenischen Staatslehre geht Rhigas von einem Begriff des Bürgertums aus, der die klassische Lehre der Staatsverbundenheit aller Bürger als organischer Teil (μόριον) des Staates wiedergibt. So schreibt Rhigas in Art. 18 seiner Grundrechtscharta, dass „(...) die Person nicht ausschließlich ein Eigentum eines jeden, sondern auch des Vaterlandes ist".[213] Weiterhin wird nach Rhigas die griechische Staatsangehörigkeit nach Vorbild der universalen antiken Griechentumslehre von Isokrates jedem Menschen zuteil, der Träger der griechischen Kultur ist oder zur kulturellen Entwicklung des neuen Staates beitragen kann. In diesem Sinne schreibt er in Art. 4 seiner Verfassung: „Derjenige, welcher die griechische Umgangssprache oder die hochgriechische Sprache redet, und dem Griechenlande nützlich ist, wenn er auch bei den Antipoden wohnt (weil das griechische Geschlecht (προζύμι) sich in beide Hemisphären ausgebreitet hat), ist ein Grieche und ein Bürger (...). Ein fremder Philosoph oder ein europäischer Künstler, welcher sein Vaterland verlässt und nach Griechenland kommt, um dort zu leben, mit der Absicht, seine Weisheit oder seine Kunst mitzuteilen, wird nicht nur als ein gemeiner Bürger betrachtet, sondern auf öffentliche Kosten soll ihm eine marmorne Statue mit dem Kennzeichen seiner Wissenschaft oder Kunst errichtet werden und die geschickteste griechische Feder soll die Geschichte seines Lebens schreiben".[214]

---

213 Art. 18 der Grundrechtscharta, vgl. *Rhigas Velestinlis*, Die Menschenrechte (Anm. 3), S. 69 (81).
214 Art. 4 der Verfassung, vgl. *Rhigas Velestinlis*, Die Verfassung (Anm. 2), S. 93 (97).

Über die Verleihung der Staatsangehörigkeit nach dem Vorbild der antiken Staatslehre hinaus gewährt Rhigas in Anlehnung an die athenische direkte Demokratie den Staatsangehörigen der Hellenischen Demokratie die direkte Teilnahme an der politischen Willensbildung. Das erste Element direkter Demokratie in seiner Verfassung stellt die Teilnahme des Volkes an der Gesetzgebung nach Art. 10 dar: „Das Volk beratschlagt sich, ob die bestimmten Gesetze seiner Wohlfahrt zuträglich seien, und wenn sie dies sind, so genehmigt und behält es dieselben; wenn es aber dagegen Einwendungen hat: so befördert es den Bericht seines Missfallens an die Verwaltung".[215] Zur Umsetzung des vorgenannten Rechts des Volkes auf Teilnahme an der Gesetzgebung wird weiterhin in Art. 59 seiner Verfassung vorgesehen, dass 40 Tage nach der Absendung des in Vorschlag gebrachten Gesetzes, wenn nebst einer Eparchie über die Hälfte der gesamten Eparchien (Departements) der zehnte Teil (d.h. 60 Bürger) der vorschriftsmäßig gehaltenen Ur-Versammlungen jeder Eparchie nicht widersprochen hat, das schriftlich in Vorschlag gebrachte Gesetz angenommen wird und als ein für die Zukunft anerkanntes Gesetz gilt.[216]

Die Teilnahme des Volkes der Hellenischen Demokratie an der politischen Willensbildung wurde zudem verstärkt durch das dem Volk eingeräumte Recht aus Art. 115, die Initiative zur Revision der Verfassung zu treffen, sowie durch die in Art. 50 vorgesehene Institution der Volksabstimmung. Gemäß Art. 115 sind die vom Volk gewählten Mitglieder der Nationalversammlung zur Umsetzung der Revision berechtigt, die vom Volk gemäß Art. 115 einberufen wird. Art. 115 schreibt dazu vor: „Wenn in der Hälfte plus einer der Eparchien der Hellenischen Demokratie ein Zehntel der ordnungsgemäß gebildeten Urversammlungen jeder Eparchie die Revision der Verfassung oder die Änderung einiger seiner Artikel fordert, dann ist die gesetzgebende Körperschaft verpflichtet, auch die Urversammlungen aller anderen Eparchien des Freistaates zu versammeln, um zu erfahren, ob eine Nationalversammlung einberufen werden muss".[217]

---

215 Art. 10 der Verfassung, vgl. *Rhigas Velestinlis*, Die Verfassung (Anm. 2), S. 93 (101).
216 Art. 59 der Verfassung, vgl. *Rhigas Velestinlis*, Die Verfassung (Anm. 2), S. 93 (123).
217 Art. 115 der Verfassung, vgl. *Rhigas Velestinlis*, Die Verfassung (Anm. 2), S. 93 (141).

In Bezug auf die Institution der Volksabstimmung schreibt Art. 50 die Möglichkeit der Durchführung einer Volksabstimmung über besonders wichtige Fragen vor. Die Initiative zur Durchführung einer Volksabstimmung kann von mindestens 50 Mitgliedern des Gesetzgebungsorgans getroffen werden, wenn sie eine Unstimmigkeit finden oder mit etwas nicht zufrieden sind. Ist dies der Fall, dann können sie verlangen, dass das ganze Volk nach der in Art. 11, 12, 13 und 38 aufgeführten Weise versammelt wird, um diesen Gegenstand zu entscheiden.[218]

bb) Elemente der Gesetzgebung Solons

Neben den vorgenannten Elementen direkter Demokratie hat Rhigas in Anlehnung an die antike athenische Staatslehre in seinem Verfassungswerk zwei wichtige politische Institutionen eingeführt, nämlich die antike Institution der Petition (Εισαγγελία) sowie die Beseitigung der Schuldensklaverei sowohl des Staates als auch jeden einzelnen Bürgers (Σεισάχθεια). Mit Eisangelia bezeichnete man im antiken Athen „die Prozedur, die von Solon eingeführt wurde, damit der Areopagsrat sich auch mit Verschwörungen beschäftigen könnte, die das herrschende System stürzen sollten".[219]

Davon ausgehend schrieb Rhigas den Bürgern des neuen Staates in Art. 32 das Recht zu, dass jeder Bürger eine schriftliche Anzeige machen und sich wegen einer wie auch immer gearteten Beeinträchtigungen beschweren könne, welche ihm von denjenigen widerfahre, welche die Regierung des Volkes in ihren Händen haben. Dies darf auf keine Weise gehindert werden, auch darf nie gesagt werden, dass nun nicht Zeit und Ort zur Annahme wäre, sondern die Anzeige sei jedes Mal anzunehmen, egal zu welcher Stunde der klagende Bürger erscheint.[220]

Die Institution der Seisachtheia (Beseitigung der Schuldensklaverei) stellt einen weiteren klaren Einfluss des politischen Werkes von Solon auf das politische Denken von Rhigas dar. Unter der Seisachtheia verstand man im

---

218 Art. 50 der Verfassung, vgl. *Rhigas Velestinlis*, Die Verfassung (Anm. 2), S. 93 (115).

219 *Kulesza*, Die Bestechung im politischen Leben Athens im 5. und 4. Jahrhundert v. Chr., Konstanz 1995, S. 16.

220 Art. 32 der Grundrechtscharta, vgl. *Rhigas Velestinlis*, Die Menschenrechte (Anm. 3), S. 69 (87).

antiken Athen „das Gesetz, das Solon nach Athen übernommen und es als Seisachtheia genannt hatte, als es alle Bürger von den Darlehen befreite, für die sie ihre Person verpfändet hatten".[221]

Davon ausgehend hat Rhigas in Art. 35 seiner Grundrechtscharta die Streichung sämtlicher, d.h. öffentlicher wie privater, Schulden vorgesehen. Insbesondere sah Art. 35 vor: „Die Schulden der Städte, Marktflecken und Ortschaften und zum Teil auch der Bürger, wenn sie vor 5 Jahren entstanden sind und für eben diese Frist das Interesse der Darlehensgeber befriedigt worden ist, hebt die gegenwärtige Staatsverwaltung auf, und die Darlehensgeber können von jetzt an weder Kapital noch Befriedigung ihrer Interessen von solchen Schuldnern fordern, als ob sie ihr Darlehen schon erhoben hätten, weil sie die Kapitale in fünf Jahren verdoppeln".[222]

Zum Abschluss der Darstellung des Einflusses des politischen Denkens Solons auf das Verfassungswerk von Rhigas wird auf das Institut der Veröffentlichung bzw. der schriftlichen Fixierung der Gesetze eingegangen. In Bezug darauf schreibt Isabella Tsigarida Folgendes: „Durch die schriftliche Fixierung der Gesetze und ihre öffentliche Aufstellung konnte Solon nicht nur dem Bedürfnis nach Regelung der verschiedenen Lebensbereiche und Sachverhalte Rechnung tragen, sondern auch zu deren Sicherung beitragen".[223] Im gleichen Sinne hat Rhigas, von der pädagogischen Rolle der Gesetze ausgehend, in Art. 124 seines Verfassungsentwurfs gefordert, dass Kopien jedes Gesetzes in allen Städten, Kleinstädten und Dörfern der Republik angefertigt werden müssen und auf den Plätzen aufgestellt werden sollen, sodass jeder Bürger immer sehe, worin der kostbare Schatz seiner geliebten Freiheit bestehe.[224]

---

221 *Gehrke/Möller*, Vergangenheit und Lebenswelt, Soziale Kommunikation, Traditionsbildung und historisches Bewusstsein, Tübingen 1996, S. 182; vgl. weiter *Thallheim*, Zur Eisangelie in Athen, in: Hermes 37 (1902), S. 342–352; *ders.*, Eisangelie-Gesetz in Athen, in: Hermes 41 (1906), S. 304–309; *Thür*, Eisangelia, in: Der Neue Pauly (DNP), Bd. 3, Stuttgart 1997, S. 923 ff.

222 Art. 35 der Grundrechtscharta, vgl. *Rhigas Velestinlis*, Die Menschenrechte (Anm. 3), S. 69 (89).

223 *Tsigarida*, Solon – Begründer der Demokratie?, Eine Untersuchung der sogenannten Mischverfassung Solons von Athen und deren „demokratischer" Bestandteile, Bern 2006, S. 69.

224 Art. 124 der Verfassung, vgl. *Rhigas Velestinlis*, Die Verfassung (Anm. 2), S. 93 (145).

b) Elemente des Selbstverwaltungsmodells der griechischen Gemeinden

Die Staatslehre von Rhigas und insbesondere die innere Verwaltungsgliederung seines Staates war nach dem Beispiel des Selbstverwaltungsmodells
der griechischen Gemeinden in seinem Geburtsort in Griechenland, der
Gemeinde Thesallia, aufgebaut.

In Anlehnung an die Vorgabe der Verwaltungsgliederung der griechischen
Gemeinden in seinem Geburtsort schreibt er in Art. 2 Satz 1 seiner Verfassung: „Das griechische, d.i. das in diesem Reiche wohnende Volk, ohne
Unterscheidung nach Religion und Sprache, wird, um die landeshoheitliche
Gewalt in Vollzug zu setzen, in Ur-Versammlungen und Toparchien (d.h.
einem Kadi unterworfene Gebiete, Municipalitäten) eingeteilt. Um seine
Gesinnung über einen Regierungsgegenstand zu äußern, versammelt es sich
zur Eparchie (Departement).". Art. 3 besagt weiterhin: „Zur Erleichterung
der Regierung und der allenthalben in Gleichheit auszuübenden Gerichtspflege teilt es sich in Eparchien (Gebiete der türkischen Memlek, französ.
Departements), in Toparchien (Gebiete der türkischen Kadi, französ. Districts, Bezirke) und in Proestate oder Sumpasilik (d.h. Cantons, Ortschaften). So heißt z.B. Thessalien eine Eparchie; Magnesia (die Ortschaften
seiner Gegend) heißt eine Toparchie, und das Stadtgebiet von Makrenitza
mit zwölf Dörfern heißt ein Protestat".[225]

Im Rahmen der selbstverwalteten Gemeinden hatten im Laufe der Zeit
gewisse diachronische Elemente eines demokratischen Regierungsmodells
gewohnheitsrechtlich überlebt. Dies waren die Grundsätze des aktiven und
passiven Wahlrechts, die einjährige Amtszeit und die Rechenschaftspflicht
der Regierenden, die, wie bereits ausführlich dargestellt, im Verfassungswerk von Rhigas durch die entsprechenden Vorschriften eingeführt worden
waren.[226]

Die unter den Griechen weit verbreitete politische Praxis der Selbstverwaltung stellte ein Recht dar, das den Griechen vom Osmanischen Reich im

---

225 Art. 5 der Verfassung, vgl. *Rhigas Velestinlis*, Die Verfassung (Anm. 2), S. 93
(99).

226 *Pantazopoulos*, Öffentlich-Rechtliche Institutionen der Griechen während der
Türkischen Herrschaft, Internationalrechtliche und Staatsrechtliche Abhandlungen Festschrift für Walter Schätzel, Düsseldorf 1960, S. 364 ff.

Gegenzug für ihre Steuerabhängigkeit anerkannt worden war. Die Abhängigkeit des Selbstverwaltungsrechts der Gemeinden von der Erfüllung ihrer Steuerpflichten hatte zur Entwicklung eines sehr starken Solidaritätsgefühls unter den Gemeindemitgliedern geführt. Die Verwirklichung der persönlichen Interessen einer jeden Person war mit der Verwirklichung der Interessen der Gemeinde unzertrennlich verbunden. Jeder Grieche zahlte bewusst regelmäßig seinen Anteil der Gemeindesteuer, um das Selbstverwaltungsrecht seiner Gemeinde zu wahren. Ihre eindrucksvollste Ausprägung hat diese Solidaritätspflicht in Art. 34 der Grundrechtcharta von Rhigas erfahren, in dem er fordert: „Wenn ein einzelner Bürger dieses Reiches misshandelt wird: so wird das ganze Reich zugleich misshandelt; und umgekehrt, wenn das Reich misshandelt und bekriegt wird: so wird jeder einzelne Bürger misshandelt und bekriegt. Deswegen kann keiner jemals sagen: ‚Jene Provinz wird bekriegt, das kümmert mich nicht; ich lebe in der meinigen ruhig‘; sondern ‚Ich werde bekriegt, wenn jene Provinz leidet; weil ich ein Teil des Ganzen bin‘. Der Bulgare muss in Bewegung kommen, wenn der Grieche leidet; und ebenso dieser wegen des jenen, und beide wegen des Albaners und des Vlachen (d.h. des Moldauers und des Walachen.)".[227]

Zum Abschluss der Darstellung der Auswirkungen des Selbstverwaltungsmodells der griechischen Gemeinden auf das Verfassungswerk von Rhigas ist seine innovative Idee, in seiner Grundrechtscharta neben natürlichen Personen auch Gruppen von Menschen als Grundrechtsträger anzuerkennen, insbesondere in Gestalt der Versammlungsfreiheit, unabhängig von ihrer nationalen Abstammung, ihrer Religion oder soziokulturellen Verwurzelung, besonders erwähnenswert.[228]

c) Elemente aus der naturrechtlichen Lehre der Stoiker und des Christentums

Wie bereits ausgeführt, hat Rhigas Velestinlis aus der Geschichte Griechenlands wichtige Vorgaben an die Einrichtung eines übernationalen Staates

---

227 Art. 34 der Verfassung, vgl. *Rhigas Velestinlis*, Die Verfassung (Anm. 2), S. 93 (89).

228 Art. 7 der Grundrechtscharta, vgl. *Rhigas Velestinlis*, Die Menschenrechte (Anm. 3), S. 69 (75).

abgeleitet, die als Inspiration zum Aufbau seines Staates gedient haben. Er hat insbesondere sowohl den multikulturellen Staat von Alexander dem Großen als auch die multikulturelle byzantinische Herrschaft studiert. Zwar stellten beide Fälle übernationale Staaten dar, es handelte sich dabei jedoch um oligarchische Staaten, aus denen man keine Vorbilder zur demokratischen Organisation eines multikulturellen Staates ableiten konnte.

Rhigas beabsichtigte aber die Einrichtung eines übernationalen demokratischen Staates, der Hellenischen Demokratie. Deshalb hat er sich mit der Idee auseinandergesetzt, eine Verfassung zu entwickeln, die die Lebensfähigkeit eines übernationalen demokratischen Staates sichern konnte. Zu diesem Zwecke hat er in Anlehnung an das Vorbild der Humanisten auf die kombinierte Verarbeitung der universalen Lehre der Stoiker (Zenon von Kition, um 300 v. Chr.) und des Christentums zurückgegriffen, um daraus die institutionellen Fundamente seines Staates abzuleiten. Allerdings wurde das Naturrecht in der Lehre der Kirchenväter (Aurelius Augustinus, 354–430 n. Chr.) [229] weiterentwickelt, indem die Lehre der Gottebenbildlichkeit des Menschen (imago dei), die zur Herausbildung des Gedankens der Menschenwürde, zur Fähigkeit des Menschen zur Selbstbestimmung und zum personalen Freiheitsgedanken sowie der Gleichheit aller Menschen vor Gott führte, entwickelt wurde.[230]

Davon ausgehend legte Rhigas als Grundstein seines übernationalen Staates die Idee fest, dass alle Menschen ohne Differenzierung nach Rasse, Hautfarbe, Geschlecht, ethnischer Zugehörigkeit, Religion, Weltanschauung, Sprache, sozio-kultureller Verwurzelung oder politischer Überzeugung

---

229 Augustinus, A. (354–430 n. Chr.): „die göttliche Vernunft wirke in allen Menschen aufgrund ihrer Gottesebenbildlichkeit. Das irdische Gesetz müsse nach Möglichkeit der göttlichen Vernunft entsprechen. Ein Gesetz, das nicht mit dem unwandelbaren ewigen Gesetz übereinstimme, sei kein Gesetz und habe keine Verpflichtungskraft." *Augustinus*, De libero arbitrio, I 5, 11 und I 6, 14, übersetzt von C.J. Perl, Paderborn 1972, unveränd. Nachdruck 1986.

230 *Stern*, Die Idee der Menschen- und Grundrechte, in: Merten/Papier (Hrsg.), Handbuch der Grundrechte in Deutschland und Europa, Bd. I, Heidelberg 2004, S. 3 (5); vgl. weiter *Haratsch*, Die Geschichte der Menschenrechte, 4. Aufl., Potsdam 2010, S. 16–17, mit weiterem Hinweis auf *Krieger/Wingendorf*, Christsein und Gesetz: Augustinus als Theoretiker des Naturrechts (Buch XIX), in: Horn (Hrsg.), Augustinus, De civitate Dei, Berlin 1997, S. 235 (250 ff.).

über natürliche und unveräußerliche Rechte verfügen. Diese Idee wurde an einigen Stellen seines Verfassungswerkes, denen erhebliche Bedeutung für die Umsetzung seiner Verfassung zukommt, näher spezifiziert.

In diesem Sinne geht Rhigas in Art. 2 seiner Grundrechtscharta von einer allgemein verbindlichen Proklamation der natürlichen Rechte des Menschen aus: „Die natürlichen Menschenrechte sind: erstens, dass wir alle gleich sind, und nicht, dass jemand dem anderen überlegen ist; zweitens, dass wir frei sind, und nicht, dass jemand den anderen versklavt; drittens, dass wir unseres Lebens sicher sind, und dass niemand uns dieses Leben ungerecht und willkürlich nehmen kann, und viertens, dass niemand unser Eigentum antasten kann, sondern dass es uns und unseren Erben gehört".[231]

Der Einfluss der naturrechtlichen Lehre auf das Verfassungswerk von Rhigas kommt weiterhin in dem in Art. 7 gewährleisteten Volksherr-schaftsprinzips zum Ausdruck, durch das alle Bürger, unabhängig von ihrer nationalen Abstammung, ihrer Religion oder Sprache, als Träger der öffentlichen Gewalt anerkannt werden. Die vorgenannte Vorschrift sieht vor: „Das sich selbst beherrschende Volk sind alle Einwohner dieses Rei-ches, ohne Ausnahme der Religion oder der Sprache; Griechen, Bulgaren, Albaner, Vlachen, Armenier, Türken und jede andere Gattung der Volks-stämme".[232]

Die letzte Ausprägung der Naturrechtslehre im Verfassungswerk von Rhigas stellt die institutionelle Garantie des Art. 122 seiner Verfassung dar, die die Wahrung der Rechtetrias und der von ihrem Schutzbereich umfass-ten Komponenten zur primären Staatspflicht erhebt. In diesem Sinne sieht Art. 122 vor, dass die Verfassung allen Griechen, Türken und Armeniern Gleichheit, Freiheit, Sicherheit und Selbstbestimmung des Eigentums garan-tiere sowie Freiheit aller Religionen, öffentliche Bildung, öffentliche Beiträge, da wo es sich gehöre, unbeschränkte Pressefreiheit, Recht auf Petition und Klage, das Versammlungsrecht und den Genuss aller Menschenrechte.[233]

---

231 Art. 2 der Grundrechtscharta, vgl. *Rhigas Velestinlis*, Die Menschenrechte (Anm. 3), S. 69 (71).

232 Art. 7 der Verfassung, vgl. *Rhigas Velestinlis*, Die Verfassung (Anm. 2), S. 93 (101).

233 Art. 122 der Verfassung, vgl. *Rhigas Velestinlis*, Die Verfassung (Anm. 2), S. 93 (143).

VII. Die innovative Idee eines übernationalen Menschenrechtskonstitutionalismus

Die „Neue Politische Staatsverwaltung" (Verfassung und Grundrechtscharta) von Rhigas Velestinlis stellt eine innovative Ausprägung des europäischen Menschenrechtskonstitutionalismus dar. Das innovative Element seiner Staatslehre liegt vor allem in ihrer übernationalen Natur. Rhigas hat sich die Notwendigkeit des Zusammenwirkens aller unterjochten Balkanvölker zum Zwecke ihrer Befreiung vom Osmanischen Reich bewusst gemacht. Davon ausgehend hat er sich mit der Problematik der Entwicklung einer übernationalen politischen Theorie („Neue Politische Staatsverwaltung") auseinandergesetzt, mit der er beabsichtigte, die Zusammenarbeit und die Solidarität zwischen den Balkanvölkern zur effizienten Umsetzung seines Revolutionsplanes zu entwickeln (unten 1.) und ihr demokratisches und friedvolles Zusammenleben nach der Befreiung vom Osmanischen Reich zu gewährleisten (unten 2.).

1. Die Neue Politische Staatsverwaltung als Freiheitsbedingung

Der Revolutionsplan von Rhigas Velestinlis bestand vornehmlich aus der Befreiung von der osmanischen Herrschaft sowie der Entwicklung eines neuen demokratischen Staates, nämlich der Hellenischen Demokratie, auf dem geographischen Gebiet des Osmanischen Reichs. Wesentliche Bedingung zur effizienten Umsetzung des vorgenannten Planes war, nach Rhigas, das Zusammenwirken aller unterjochten Balkanvölker.

Im Bewusstsein der multinationalen und -kulturellen Gestalt der Balkanvölker hatte sich Rhigas mit der Problematik der Entwicklung eines Planes auseinanderzusetzen, der ein Zusammenarbeits- und Solidaritätsgefühl zwischen den verschiedenen (balkanischen) Nationen entwickeln konnte. Dieser sollte sie wachrütteln und zum Ausbruch der Revolution beitragen.

Zu diesem Zwecke hat Rhigas, unter Wahrung des nötigen Respekts für die religiösen und nationalen Traditionen eines jeden Balkanvolkes, sein politisches Werk mit dem Namen „Neue Politische Staatsverwaltung" entwickelt. Sein Ziel war, seine Vision der Einrichtung eines übernationalen demokratischen Staates, welcher auf den ökumenischen naturrechtlichen Grundsätzen der Gleichheit, der Freiheit und der Solidarität fußen sollte, den unterjochten Balkanvölkern zu vermitteln und dadurch ihren Beschluss, sich zu erheben, effektiv zu bekräftigen.

2. Die Neue Politische Staatsverwaltung als Bedingung eines lebensfähigen demokratischen übernationalen Staates

Die Auseinandersetzung Rhigas' mit der Problematik des institutionellen Aufbaus eines lebensfähigen demokratischen übernationalen Staates, der Hellenischen Demokratie, ergab sich aus der vorherigen Feststellung, dass dies die wichtigste Bedingung eines friedvollen Zusammenlebens der Balkanvölker nach ihrer Befreiung vom Osmanischen Reich darstellt.

Als Basis für die Entwicklung seines Verfassungswerks haben die Deklaration der Menschenrechte (1789) und die Verfassung der Französischen Revolution (bzw. die jakobinische Verfassung von 1793) gedient. Hiervon ausgehend hat Rhigas durch gewisse Modifikationen seine übernationale demokratische Staatslehre entworfen, die historisch eine der ersten politischen Studien zur Entwicklung eines übernationalen Menschenrechtskonstitutionalismus darstellt.

Grundstein seines übernationalen Menschenrechtskonstitutionalismus stellte – parallel zum Respekt für die nationale und kulturelle Identität jeder Nation – die Entwicklung und Verbreitung eines übernationalen demokratischen Patriotismus dar, der auf der Grundlage der universalen Grundsätze der Demokratie, der Gleichheit, der Freiheit, der Menschenrechte und der Solidarität aufgebaut wurde und das verbindende Element seines multinationalen und multikulturellen Staates war.

Zur Verwirklichung dieses Zwecks hat Rhigas gewisse Solidaritätspflichten[234] an verschiedenen Stellen seiner Verfassung und seiner Grundrechtscharta eingeführt, die die Zusammenarbeit zwischen den Balkanvölkern fördern sollten. Rhigas wusste aber auch, dass die effiziente Umsetzung seines politischen Planes zur Entwicklung eines übernationalen demokratischen Patriotismus nicht nur durch solche institutionellen Pflichten erfolgen konnte. Patriotismus kann nicht angeordnet werden. Vielmehr muss

---

234 Ausführlich dazu siehe oben V.2.c).

sein Bedarf innerhalb eines übernationalen Staates von den verschiedenen Nationen in der Praxis gefestigt werden.

Zu diesem Zwecke hat Rhigas die pädagogische Wirkung der Demokratie, insbesondere der gleichwertigen Teilnahme der verschiedenen Nationen an der demokratischen Bildung des politischen Willens, genutzt. In diesem Sinne a) erkennt Rhigas in seiner Verfassung alle verschiedenen Nationen innerhalb der Hellenischen Demokratie als gleichwertige Träger der Hoheitsgewalt an und b) gewährleistet er ihre direkte und gleichwertige Teilnahme am Verfahren der Revision der Verfassung, an der Gesetzgebung sowie an der Wahl der Träger der gesetzgebenden und der rechtsprechenden Gewalt.[235]

Gleichzeitig wusste Rhigas, dass die effiziente Teilnahme der verschiedenen und multikulturellen Balkanvölker an der politischen Willensbildung innerhalb einer Demokratie auf die vorherige Herstellung eines möglichst breiten Konsenses angewiesen war. Der Ausgleich der sich begegnenden Kräfte und Meinungen durch Verständigung und Dialog war für die Lebensfähigkeit seines übernationalen Staates von erheblicher Bedeutung. Dazu hat Rhigas innovative Vorkehrungen in Form der Anerkennung der Grundrechtsfähigkeit von Gruppen bzw. der Versammlungsfreiheit getroffen, die in der derzeitigen Grundrechtslehre kaum verbreitet waren, da weder die Deklaration der Menschenrechten der Französischen Revolution noch die Deklaration der Unabhängigkeit der Vereinigten Staaten in ihren originalen Fassungen eine entsprechende grundrechtliche Gewährleistung der Versammlungsfreiheit enthielten.[236]

Insbesondere in Art. 34 seiner Grundrechtscharta hat Rhigas die Versammlungsfreiheit, die eines der wichtigsten konstruktiven Elemente der politischen Willensbildung darstellt, ausdrücklich anerkannt. Dadurch strebte er an, die Persönlichkeitsentfaltung in Gruppenform bzw. die Meinungsäußerung und den Meinungsaustausch in Gruppenform zu gewährleisten und die freie Auseinandersetzung zwischen den sich begegnenden sozialen Kräften, Interessen und Ideen zu erleichtern, was von erheblicher Bedeutung für die demokratische Bildung der öffentlichen Meinung ist,

---

235 Ausführlich dazu siehe oben IV.1.
236 *Pantazopoulos*, Rigas Velestinlis. Legend and Reality, Athen 1994, S. 11.

die eine der wichtigsten Bedingungen der Formung des politischen Willens darstellt.[237]

Neben der Ermutigung zur Persönlichkeitsentfaltung in Gruppenform beabsichtigte Rhigas durch die Gewährleistung der Versammlungsfreiheit auch die Entwicklung einer politischen Urteilsfähigkeit jedes Bürgers im Einzelnen. Die Teilnahme jedes Bürgers an den Versammlungen würde ihm Kenntnis von der aktuellen politischen Situation verschaffen und ihm die Möglichkeit bieten, seine persönliche Meinung auszudrücken und dadurch am öffentlichen Dialog teilzunehmen. Die so entwickelte politische Urteilsfähigkeit des Volkes seines übernationalen Staates stellte nach Rhigas die wichtigste Bedingung für die Sicherung seiner Wachsamkeit als Träger des Widerstandsrechts und als Wächter der Demokratischen Ordnung gemäß Art. 33 und 35 seiner Grundrechtscharta dar.

Durch die Abhängigkeit der Bildung des politischen Willens von der gleichwertigen Teilnahme aller Balkanvölker hieran sowie die grundrechtliche Gewährleistung der Versammlungsfreiheit bezweckte Rhigas, das freie und demokratische Zusammenspiel der multinationalen und multikulturellen Kräfte innerhalb seines übernationalen Staates zu institutionalisieren, was erheblich zum Ausgleich entgegengesetzter Auffassungen beitragen konnte und folglich zur Ermöglichung eines möglichst breiten Konsens führen würde, der eine unabdingbare Voraussetzung der Lebensfähigkeit seines übernationalen Staates darstellte.

---

237 Aufgrund der multinationalen und multikulturellen Struktur der Bevölkerung im Balkanraum würde jede Versammlung multinational sein, was den Dialog zwischen den verschiedenen Nationen ermöglichen und fördern sollte. Vgl. *Pantazopoulos*, Rigas Velestinlis. Legend and Reality, Athen 1994, S. 14.

VIII. Abschließende Bemerkungen

Im abschließenden Teil der vorliegenden Arbeit wird nun auf die Würdigung der Staatslehre von Rhigas im Lichte der Verfassungsgeschichte des neugriechischen Staates (unten 1.) und im Lichte der Entwicklungsgeschichte des internationalen Menschenrechtskonstitutionalismus (unten 2.) eingegangen.

1. Würdigung der Staatslehre von Rhigas im Lichte der Verfassungsgeschichte des neugriechischen Staates (1822–1975)

Das innovative übernationale politische Denken von Rhigas blieb zunächst jahrelang unbeachtet. Nachdem er und seine Gefährten als Separatisten und Revolutionäre von den österreichischen an die osmanischen Behörden nach Belgrad übergeben worden waren, wo er und seine Kollegen am 24. Juni 1798 hingerichtet wurden, waren alle 3000 Exemplare seiner Verfassung und Grundrechtscharta völlig zerstört worden. Dies hatte zur Folge, dass seine Staatslehre sowohl den Griechen als auch den übrigen Europäern für eine lange Zeit völlig unbekannt blieb. Erst fast 100 Jahren nach seiner Hinrichtung im Jahr 1879, wurde eine nach der Vorgabe eines der drei geretteten originalen Exemplare seiner Verfassung fertiggestellte Fassung seines Verfassungsentwurfs in der Zeitschrift „Parthenon" veröffentlicht, wodurch die Griechen und die übrigen Europäer erstmals Zugang zu seinem demokratischen und liberalen politischen Denken erhielten.

Im Jahr 1874 war der neugriechische Staat jedoch bereits gegründet und der griechische Konstitutionalismus hatte bereits seine ersten Schritte gemacht. Dabei verfügten die Griechen jedoch über keine eigene aktuelle politische Vorgabe. Dieses Defizit konnte durch die Staatslehre von Rhigas überbrückt werden. Sie konnte als Verbundelement zwischen der antiken demokratischen Staatslehre sowie der aktuellen demokratischen Vorgabe des staatszentrierten Konstitutionalismus der französischen oder der amerikanischen Revolution dienen. Darüber hinaus wäre sie als Grundlage für den Aufbau des neugriechischen Konstitutionalismus und der Rechtsordnung des neugriechischen Staates vielseitig nützlich, weil sie, wie bereits ausgeführt, auf die Besonderheiten der griechischen politischen und sozialen Realität besondere Rücksicht nahm.

Gewiss stellte die Staatslehre von Rhigas einen Fall von übernationalem Menschenrechtskonstitutionalismus dar. Trotz der übernationalen Natur seines politischen Denkens hätten viele Elemente seiner liberalen und demokratischen Staatslehre bzw. seine umfangreiche Grundrechtscharta sowie viele organisatorische Vorschriften seiner Verfassung bei der Institutionalisierung des neugriechischen Staates Verwendung finden können, wie z.b. die organisatorischen Grundsätze der Demokratie, des Rechts- und Sozialstaates, die Verwaltungsgliederung seines neuen Staates oder die direkte Teilnahme des Volkes an der Gesetzgebung und den Wahlen.

Die Unkenntnis der Staatslehre von Rhigas hatte, wie Nikolaos Pantazopoulos anmerkt, zur Folge, dass die Griechen bei dem Entwerfen ihrer ersten Verfassung und der Gesetze des neugriechischen Staates lediglich Vorgaben aus verschiedenen ausländischen Rechtsordnungen adaptierten, was jedoch gewisse Nachteile hatte, da es die Griechen daran hinderte, ihre Rechtsordnung aus eigener Kraft und mit Rücksicht auf die Besonderheiten der griechischen politischen und sozialen Realität auszugestalten.[238]

Die Inexistenz einer eigenen politischen Vorgabe bei den Neugriechen hatte zur Folge, dass der demokratische und liberale Aufbau des neugriechischen Staates den langjährigen und kontinuierlichen Kampf des griechischen Volkes verlangte. Dieser Kampf hätte viel effektiver sein können, wenn die Griechen sich des Verfassungswerks von Rhigas bewusst gewesen wären, weil dieses als wichtige politische Vorgabe beim Aufbau des neugriechischen Staates hätte dienen können. Genau dies war leider während der ersten Schritte des griechischen Konstitutionalismus nicht der Fall. Trotzdem hat Rhigas' Opfer die demokratischen Kämpfe der Griechen wesentlich inspiriert und sie dazu ermutigt.[239]

Seit dem Beginn des Unabhängigkeitskrieges (1821) – 24 Jahre nach der Veröffentlichung des Verfassungswerkes von Rhigas – haben die Griechen unter Berufung auf die Opfer von Rhigas Velestinlis ihren starken Willen zur

---

238 Siehe dazu *Pantazopoulos*, Rigas Velestinlis. Legend and Reality, Athen 1994, S. 15.
239 Siehe dazu *Pantazopoulos*, Rigas Velestinlis. Legend and Reality, Athen 1994, S. 16.

Einrichtung eines konstitutionellen demokratischen Staates ausgedrückt. Die ersten Bemühungen der Griechen, ihre Rechtsordnung aus eigenen Kräften durch die provisorischen Verfassungen des Unabhängigkeitskriegs liberal und demokratisch einzurichten, blieben leider unvollendet. Die provisorischen Verfassungen von Epidauros (1822), von Astros (1823) und von Troizen (1827) haben in ihren Texten viele liberale und demokratische Elemente inkorporiert, die auch im politischen Denken von Rhigas angetroffen werden. Der mit der Verfassung von Troizen gewählte erste Gouverneur Griechenlands, Ioannis Kapodistrias,[240] hat jedoch, von der sozialen und politischen Realität des neugriechischen Staates ausgehend, entschieden, dass die Zeit für eine direkte Umsetzung der demokratischen und liberalen Grundsätze der vorgenannten Verfassung von Troizen noch nicht reif war. Deshalb hat er die Geltung der Verfassung von Troizen bis zum finalen Abschluss des Unabhängigkeitskriegs zurückgestellt. Mit Hilfe seiner großen politischen Erfahrung bezweckte Kapodistrias erstens, durch seine konzentrische Regierungsausübung die Grundsteine eines neuen und souveränen Staates sicherzustellen, und zweitens, ihre schrittweise demokratische Institutionalisierung zu verfolgen.

Leider blieb sein vorgenannter Plan aufgrund seiner Ermordung unvollendet. Der Ermordung von Kapodistrias folgte im Jahr 1832 die Einführung einer absoluten erblichen Monarchie in Griechenland, was gleichzeitig den Kampf des griechischen Volkes zur Wiederherstellung der Demokratie hervorrief, der jahrelang andauerte. Den Anfang dieses Kampfes stellte die Nationalversammlung von 1843 dar, die eine Verfassung, nämlich die Verfassung von 1844, verabschiedete, die den ersten demokratischen Gewinn des griechischen Volkes, den Übergang von der absoluten zur konstitutionellen Monarchie, darstellte und die Basis des Parlamentarismus im neugriechischen Staat gelegt hat.

Der nächste große Schritt in Richtung der Demokratisierung des neugriechischen Staates war die Verfassung von 1864, die die langlebigste Verfassung Griechenlands darstellt. Einige ihrer Vorschriften können trotz

---

240 Ioannis Antonios Graf Kapodistrias (1776 auf Korfu – 1831 in Nafplion) war das erste Staatsoberhaupt Griechenlands nach dem Unabhöngigkeitskrieg vom Osmanischen Reich. Zum Lebenswerk von Kapodistrias siehe: *Woodhouse*, Capodistria. The founder of Greek Independence, London 1973.

nachfolgender Revisionen bis heute in der aktuellen Fassung der Verfassung Griechenlands angetroffen werden. Die Verfassung von 1864 hatte den Weg zu einer schrittweisen Umsetzung weiterer liberaler und demokratischer Elemente im politischen Leben des neugriechischen Staates geebnet, die auch im politischen Werk von Rhigas vorgefunden werden. Die vorgenannte Verfassung erkannte die Volksherrschaft an, verstärkte das parlamentarische System durch die Abschaffung des vom König kontrollierten zweiten Gesetzgebungsorgans (Senat – Gerousia), führte die Gewaltenteilung ein und erweiterte ihren Grundrechtskatalog um viele neue Freiheiten, von denen die im Verfassungswerk von Rhigas genannte Versammlungsfreiheit sowie das Widerstandsrecht der Griechen hervorzuheben sind. Die Verfassung von 1864 wurde im Jahr 1911 revidiert. Die neue Verfassung bildete das Fundament der demokratischen Organisation des neugriechischen Staates im 20. Jahrhundert, indem sie den Parlamentarismus weiter bekräftigte. Erst 130 Jahre nach der Veröffentlichung der Verfassung von Rhigas in Wien wurden erstmals in einer griechischen Verfassung sozialstaatliche Vorschriften in Form der zwangsweisen Enteignung zahlreicher, seit der osmanischen Zeit existierender, privater Landgüter und einer staatlichen Förderungspflicht für die schulische Grundausbildung eingeführt, die der Vorgabe der in der Grundrechtscharta von Rhigas verkörperten entsprechenden sozialen Rechte entsprachen.

Nachfolger der Verfassung von 1911 war die Verfassung von 1927, die die monarchische Dynastie Glücksburg aufgrund der Volksabstimmung von 1923 für abgesetzt erklärte und erstmals seit den provisorischen Verfassungen des Unabhängigkeitskrieges die Republik ausrief. Die vorgenannte Verfassung hat das parlamentarische System erheblich gestärkt, indem sie die Abhängigkeit der Regierung vom Vertrauen des Parlaments (das Dedilomeni-Prinzip) ausdrücklich einführte und den Grundrechtskatalog durch die Gewährleistung neuer sozialer Rechte, nämlich der akademischen Freiheit und der Kunstfreiheit sowie dem Schutz von Ehe und Familie, erheblich erweiterte. Die Dauer ihrer Gültigkeit sollte sich jedoch als sehr kurz erweisen. Aus den Wahlen von 1932 gingen die Monarchisten als Sieger hervor. Die Republik wurde am 10. Oktober 1935 abgeschafft und die gekrönte Demokratie der Verfassung von 1911 wurde wiederhergestellt. Die Verfassung von 1911 wurde durch die „gekrönte Militärdiktatur" (1936–1941) außer Kraft gesetzt und blieb faktisch außer Kraft bis zum Ende des Zweiten

Weltkriegs und des nachfolgenden Bürgerkrieges (1949). Im Jahr 1952 wurde die Verfassung von 1911 durch die Verfassung von 1952 revidiert, die die gekrönte Demokratie einführte und die sich im Vergleich zur Grundrechtscharta der Vereinten Nationen von 1948 sowie im Vergleich zu den aktuellen Grundrechtskatalogen anderer europäischer Verfassungen ihrer Zeit als nicht so liberal bezeichnet ließ. Trotzdem hat die vorgenannte Verfassung, die an vielen Stellen der Grundrechtsverfassung die von Rhigas proklamierte Gleichheit zwischen Männern und Frauen (Art. 109 der Verfassung, Art. 22 der Grundrechtscharta) durch die immanente Anerkennung eines Wahlrechts der Frauen gewährleistet, zur Umsetzung des Sozialstaates erheblich beigetragen, indem sie die landwirtschaftliche Reform (Art. 104) abgeschlossen hatte, die mit der Verfassung von 1911 begonnen hatte und eines der Grundelemente des von Rhigas vorgesehen Sozialstaates bzw. der in seiner Grundrechtscharta ausdrücklich vorgesehenen Sozialbindung des Eigentums darstellte.

Die finale Umsetzung der meisten demokratischen und liberalen Elemente der Staatslehre von Rhigas die Demokratie, die Republik, die Gleichheit, die Solidarität und das Bekenntnis Griechenlands zu einer übernationalen Ordnung (der EU) ist durch die Verfassung von 1975 und ihre nachfolgenden Revisionen (1986, 2011, 2008) erfolgt. Die Verfassung von 1975 hat a) den friedvollen Übergang von der siebenjährigen Militärdiktatur (1967–1974) zur Demokratie gesichert, b) die finale Abschaffung der anachronistischen Institution der Monarchie durch die Volksabstimmung von 1975 herbeigeführt, c) die Beendigung der Nachkriegsvolksspaltung bewirkt und d) den Eintritt Griechenlands in eine übernationale Gemeinschaft, nämlich die Europäische Gemeinschaft, geschaffen.

Fast zwei Jahrhunderte nachdem Rhigas sein Leben seiner Verfassung gewidmet und geopfert hatte, stellen endlich viele der demokratischen und liberalen Hauptelemente der Staatslehre von Rhigas Velestinlis auch die Grundsteine der heutigen griechischen Verfassungsordnung dar. Dies liegt zwar an dem kontinuierlichen Kampf des griechischen Volkes, dieser wurde jedoch erst durch die Freiheits- und Demokratievisionen Rhigas, seinem Lebenswerk sowie seinem dafür erbrachten Opfer angestoßen. Rhigas' Vorbild spendete der Bevölkerung psychische Kraft und Inspiration zur Fortsetzung ihres Kampfes um den demokratischen und liberalen Aufbau des neugriechischen Staates.

2. Würdigung der Staatslehre von Rhigas im Lichte des heutigen internationalen Menschenrechtskonstitutionalismus

Das wichtigste innovative Element des Verfassungswerks von Rhigas Velestinlis stellt die übernationale Natur seines politischen Denkens dar. Am Ende des 18. Jahrhunderts, in der Gründungszeit vieler heutiger Nationalstaaten, hat Rhigas sich mit der Problematik des Aufbaus eines lebensfähigen demokratischen übernationalen Staates gründlich auseinandergesetzt. Von seiner Vision der Befreiung der Griechen und der übrigen Balkanvölker vom Osmanischen Reich ausgehend, hat er sich den Bedarf eines übernationalen demokratischen Staates als die wichtigste Bedingung des freien und friedvollen Zusammenlebens von verschiedenen Nationen mit verschiedenen Kulturen und Traditionen im Balkanraum bewusst gemacht.

Als Basis für die Entwicklung seiner übernationalen Staatslehre mit dem Namen „Neue Politische Staatsverwaltung" diente die jakobinische Grundrechtsverfassung von 1793, die Rhigas aber im Lichte der Vorgabe der antiken Staatslehre von Solon, der athenischen Demokratie und stoischer sowie christlicher Naturrechtslehre modifiziert hatte und so seine übernationale Staatslehre daraus entwickelte.

Rhigas hat bereits seit Ende des 18. Jahrhunderts seinen eigenen politischen Vorschlag zur Entwicklung eines übernationalen Menschenrechtskonstitutionalismus und seiner effizienten Umsetzung ausgedrückt. Wie bereits ausgeführt, bezweckte er die Einrichtung eines übernationalen Staates, der auf demokratischen, frühen rechtstaatlichen und frühen sozialstaatlichen Elementen aufgebaut werden sollte. Die Lebensfähigkeit seines Staates hing von der bewussten Verinnerlichung eines demokratischen und liberalen Patriotismus seitens der verschiedenen Nationen ab, welcher als Verbundelement seines multinationalen und multikulturellen Staates dienen sollte. Konstruktive Elemente des Aufbaus eines übernationalen demokratischen Patriotismus stellten nach Rhigas die verfassungsrechtliche Anerkennung aller Nationen als gleichwertige Träger der Herrschaft innerhalb der Hellenischen Demokratie sowie die Bildung des politischen Willens durch die gleichwertige und in einigen Fällen direkte Teilnahme aller verschiedenen Nationen daran dar. Hinzu kommt die demokratische Vorformung der öffentlichen Meinung, die auf der vorherigen Herstellung eines möglichst breiten Konsenses basieren sollte.

Zur Ermöglichung dieses Zwecks hat Rhigas die Vorgaben der Deklaration der Menschenrechte der Französischen Revolution (1789) modifiziert, indem er neben der Grundrechtsberechtigung von Einzelpersonen auch die Grundrechtsberechtigung von Gruppen in Form der Gewährleistung der Versammlungsfreiheit in seiner Grundrechtcharta anerkannte. Dadurch bezweckte er, die Selbstdarstellung der verschiedenen nationalen und religiösen Gruppen zu erleichtern und gleichzeitig zur Persönlichkeitsentfaltung in multinationalen und -kulturellen Gruppenformen zu ermutigen und diese zu institutionalisieren und dadurch den Ausgleich der sich begegnenden Kräfte und Meinungen durch Verständigung und Dialog zu ermöglichen, was für die Lebensfähigkeit seiner Vision der Errichtung eines übernationalen Staates von erheblicher Bedeutung war.

Die innovative Natur der vorgenannten Grundelemente der übernationalen Staatslehre von Rhigas, die die Grenzen der damaligen nationalzentrierten politischen Lehre erheblich überschritt, lässt sich mit Blick auf die Entwicklung des universalen Menschenrechtskonstitutionalismus im 20. und am Anfang des 21. Jahrhunderts belegen. Die Einrichtung der heutigen übernationalen Gemeinschaften (wie z.B. der Vereinten Nationen 1945 oder der Europäischen Union 1951/1992) – erst 150 Jahre nach der Veröffentlichung seines Verfassungswerks – als Beitrag zur Sicherung des globalen Friedens und Förderung der internationalen Zusammenarbeit in Bereichen von übernationalem Interesse sowie das Inkrafttreten von universalen Menschrechtcharten (wie der Allgemeinen Erklärung der Menschenrechte der Vereinigten Nationen von 1948 oder der Europäischen Menschenrechtskonvention und der Grundrechtcharta der Europäischen Union), die neben der Grundrechtsberechtigung von Personen auch die von Gruppen ausdrücklich anerkannt haben, belegen den Nutzen und die progressive Natur seines politischen Vorschlags. Darüber hinaus lässt sich die diachronische Bedeutung seiner Staatslehre auch mit Blick auf die aktuellen Entwicklungen im Bereich der europäischen Integration nachweisen, da das im Lissabonner Vertrag vorgesehene Gesetzesinitiativrecht der europäischen

Bürger seine Forderung einer direkten Teilnahme der Bürger seines übernationalen Staates an der Bildung des politischen Willens widerspiegelt.[241]
Somit lässt sich feststellen, dass sich viele Elemente der Staatslehre von
Rhigas Velestinlis im heutigen übernationalen Menschenrechtskonstitutionalismus wiederfinden, was bedeutet, dass Rhigas Velestinlis sich heute als
einer der wichtigsten, aber leider wenig bekannten theoretischen Wegbereiter des heutigen universalen Menschenrechtskonstitutionalismus bezeichnen
lässt. Gewiss wurde seine Vision der Einrichtung eines übernationalen Staates nie in die Tat umgesetzt. Das Vorhandensein seines Verfassungsentwurfs
sowie seiner Grundrechtscharta stellt jedoch einen echten und stichhaltigen
Beweis a) der grundlegenden Vertiefung des europäischen verfassungsrechtlichen Denkens des 18. Jahrhunderts in den universalen Grundsätzen der
Aufklärung und b) der Verinnerlichung dieser Grundsätze, die in Form der
Entwicklung seit 1797 als übernationaler Menschenrechtskonstitutionalismus zum Ausdruck kommen, dar.

---

241 Siehe dazu *Pantazopoulos*, Rigas Velestinlis. Legend and Reality, Athen
1994, S. 16.

Literaturverzeichnis

Andreopoulos, Georgios N., Preface, in: Rhigas Velestinlis-Fereos, The Human Rights. Hellenic Declaration of 1797, Athen 1998.

Augustinus, Aurelius, De libero arbitrio, übersetzt von Carl Johann Perl, 4. Aufl., Paderborn 1972, unveränd. Nachdruck 1986.

Barthélemy, Jean-Jacques, Voyage du jeune Anacharsis en Grèce, 4 Bde., Paris 1788.

Bolanachi, Jacques C., Hommes Illustres de la Grèce moderne. Rhigas et Coray, Paris 1875.

Botzaris, Notis, Visions balkaniques dans la préparation de la Révolution Grecque (1789–1821), Paris 1962.

Camariano, Nestor, Quelques précisions au sujet de la traduction du drame „L' Olympiade" de Metastasio, faite par Rhigas Velestinlis, in: Revue des études sud-est européennes 3 (1965), S. 291–296.

Camariano, Nestor, Rhigas Velestinlis: Complètements et corrections concernant sa vie et son activité, in: Revue des études sud-est-européennes 18 (1980), S. 687–719.

Castillo Didier, Miguel, Dos precursores: Miranda y Rigas. America y Grecia, Santiago, Chile, 1998.

Curtius, Julius, Geschichte der Neu-Griechen, Bd. 2, Leipzig 1828.

Dascalakis, Apostolos, Rhigas Velestinlis. La Révolution française et les préludes de l'independance héllenique, Paris 1937.

Diderot, Denis/D'Alembert, Jean-Baptiste le Rond (Hrsg.), Encyclopédie ou Dictionnaire raisonné des sciences, des arts et des métiers, 35 Bde., Paris 1751–1780.

Edmonds, Elizabeth Mayhew, Rhigas Pheraios, the Protomartyr of Greek Independence. A Biographical Sketch, London 1890.

Elian, Alexandru, Sur la circulation manuscrite des écrits politiques de Rhigas en Moldavie, in: Revue Roumaine d'Histoire, Bd. 1 (1962), S. 487–497.

Engel, Johann Christian von, Geschichte des Ungrischen Reiches und seiner Nebenländer, Halle 1797.

Fauriel, Charles-Claude, Chants populaires de la Grèce moderne, Bd. II, Chants historiques, romanesques et domestiques, Paris 1825.

García Gálvez, Isabel, El viaje del joven Anacarsis a la Grecia moderna según Rigas de Velestino, in: José M. Oliver/Clara Curell/Cristina G. Uriarte/Berta Pico (Hrsg.), Escrituras y reescrituras del viaje. Miradas plurales a través del tiempo y de las culturas, Bern u.a. 2007, S. 197–210.

Gehrke, Hans-Joachim/Möller, Astrid, Vergangenheit und Lebenswelt, Soziale Kommunikation, Traditionsbildung und historisches Bewusstsein, Tübingen, 1996.

Godechot, Jacques, Les Institutions de la France sous la Révolution et l'Empire, Paris 1968.

Guida, Francesco, Rigas Velestinlis (Fereos) e i principati di Valacchia e Moldavia, in: Lucia Marcheselli Loukas (Hrsg.), Rigas Fereos. La rivoluzione, la Grecia, i Balcani. Atti Del Convegno Internazionale „Rigas Fereos – Bicentenario della morte", Trieste, 4–5 dicembre 1997, Triest 1999, S. 37–44.

Guiomar, Jean-Yves/Lorain, Marie-Thérèse, La carte de Grèce de Rigas et le nom de la Grèce, Annales historiques de la Révolution française, 2000, Nr. 1, S. 101–125.

Haratsch, Andreas, Die Geschichte der Menschenrechte, 4. Aufl., Potsdam 2010.

Hitchins, Keith, The Romanians 1774–1866, Oxford 1996.

Ioannou, Jean/Ioannou, Aurélie/Mitrou, Photini, Rhigas Velestinlis-Pheraios, Bulletin de la société historique Alexandre Soutsos, Nr. 17, April 2001, S. 127–134.

Iorga, Nicolae, Histoire des relations entre la France et les Roumains, Paris 1918.

Irmscher Johannes, Zur „Kriegshymne" des Rhigas Velestinlis, in: Maria Ludwika Bernhard (Hrsg.), Mélanges offerts à Kazimierz Michałowski, Warschau 1966, S. 477–480.

Irmscher, Johannes, Rigas Velestinlis (1757–1798) und die Französische Revolution, in: Manfred Kossok/Editha Kross (Hrsg.), 1789 – Weltwirkung einer großen Revolution, Bd. 2, Berlin, 1989, S. 514–519.

Karamberopoulos, Dimitrios, La figura revolucionaria de Rigas Velestinlis, in: Estudios Neogriegos, Boletín de la Sociedad Hispanica de Estudios Neogriegos, Nr. 4–5, Granada 2002, S. 133–145.

Karamberopoulos, Dimitrios (Hrsg.), Rhigas Velestinlis, Die Revolutionsschriften Proklamation der Revolution, die Menschenrechte, die Verfassung, Thourios, Athen 2010.

Karathanasis, Athanasios, L'opera letteraria di Rigas Velestinlis, in: Italoellenikà, rivista di cultura greco-moderna, VII (1999–2000), S. 79–83.

Katsiardì Hering, Olga, L'impresa al di sopra di tutto: parametri economici del martirio di Riga, in: Lucia Marcheselli Loukas (Hrsg.), Rigas Fereos. La rivoluzione, la Grecia, i Balcani. Atti Del Convegno Internazionale „Rigas Fereos – Bicentenario della morte", Trieste, 4–5 dicembre 1997, Triest 1999, S. 59–82.

Khevenhüller, Ludwig Andreas von, Kurtzer Begriff aller militärischen Operationen, Wien 1738.

Kitromilidis, Paschalis, Rigas e i problemi odierni nei Balcani, in: Lucia Marcheselli Loukas (Hrsg.), Rigas Fereos. La rivoluzione, la Grecia, i Balcani. Atti Del Convegno Internazionale „Rigas Fereos – Bicentenario della morte", Trieste, 4–5 dicembre 1997, Triest 1999, S. 9–14.

Krieger, Gerhard/Wingendorf, Ralf, Christsein und Gesetz: Augustinus als Theoretiker des Naturrechts (Buch XIX), in: Christoph Horn (Hrsg.), Augustinus, De civitate Dei, Berlin 1997, S. 235–258.

Kulesza, Ryszard, Die Bestechung im politischen Leben Athens im 5. und 4. Jahrhundert v. Chr., Konstanz, 1995.

Lazăr, Elena, Panorama literaturii neoelene, Bukarest, 2001.

Lazăr, Elena, Capodopere ale literaturii neoelene. mic dicționar, Bukarest, 2003, S. 5–61.

Lefebvre Georges, The French Revolution, Vol. 2: From 1793 to 1799, New York 1964.

Legrand, Émile, Bibliotèque Grecque vulgaire, Bd. 2, Paris 1882.

Legrand, Émile, Documents inédits concernant Rhigas Velestinlis et ses compagnons de martyre, tires des Archives de Vienne en Autriche, Paris 1892.

Manessis, Aristovoulos J., L'Activité et les projets politiques d'un patriote Grec dans les Balkans vers la fin du XVIIIe siècle, Thessaloniki 1962.

Marmontel, Jean-François, La Bergère des Alpes, Paris 1766.

Mavrogiannis, Dionysos, Recherches documentaires sur la vie et l'œuvre d'histoire litteraire de la Jurisprudence du jurisconsulte Grec Thomas Diplovatatzis, 1468–1541, Paris 1965.

Metastasio, Pietro, L'Olympiade, Wien 1733.

Mitrou, Photini, Rhigas Velestinlis, Néo-Hellène et Proto-martyr, 1757–1798, in: Bulletin de la société historique Alexandre Soutsos 6 (1998), S. 136–137.

Nicas, Constantino, Rigas Velestinlis Fereos (c. 1757–13/24. VI.1798), in: Italohellenikà, rivista di cultura greco-moderna, VII (1999–2000), S. 157–166.

Nicolopoulo, Constantinos, Notice sur Rhigas, Notice sur la vie et les écrits le Rhigas. L'un des auteurs principaux de la révolution qui a pour but l'independance de la Grèce, in: Revue Encyclopedique 21 (1824), S. 275–280.

Nicolopoulo, Constantinos, Schets van Rhiga's Leven, in: Jean J. Hisely, Wandeling in Nieuwgriekenland, en Schets van Parga's en Rhiga's Lotgevallen, Den Haag 1825, S. 100–109.

Noutsos, Panagiotis, La „Nouvelle Administration Politique" de Rhigas. Dimension sociale et politique de la citoyenneté de ses membres, in: Eranistis Bd. 23, Athen 2001 S. 166–172.

Palmer, Robert R., The Age of the Democratic Revolution: A Political History of Europe and America, 1760–1800, Bd. 2, The Struggle, Princeton 1964.

Pantazopoulos, Nikolaos, Öffentlich-Rechtliche Institutionen der Griechen während der Türkischen Herrschaft, Internationalrechtliche und Staatsrechtliche Abhandlungen Festschrift für Walter Schätzel, Düsseldorf 1960, S. 364–377.

Pantazopoulos, Nikolaos, Rigas Velestinlis. Legend and Reality, Athen 1994.

Papachristos, Evthymios Chr., Die deutsch-neugriechische Lexikographie von 1796 bis 1909, Tübingen 1990.

Papacostea-Danielopolu, Cornelia, Rhigas Velstinlis et les recherches contemporaines, in: Revue des études sud-est européennes 11 (1973), S. 563–567.

Perales Oyarzún, Marco A., Rigas Fereos, Precursor de la Independencia de Grecia, Tesis para optar al grado de licenciado en lengua Griega moderna, Universidad de Chile, Facultad de Filosofia y Humanidades, Centro de Studios Bizantinos y Neohelenicos Fotios Malleros, Santiago, Chile 1990.

Petitus, Samuel, Leges Atticae, Paris 1615, 1635.

Popovici, Dumitru, La litterature roumaine a l'epoque des Lumieres, Sibiu 1945.

Prateius, Pardulphus, Jurisprudentia vetus und Commentaria ad ius Atticum et Romanum, Paris 1645.

Pryakhin, Yuri D., Lambros Katsonis in the history of Greece and Russia, St. Petersburg 2004.

Rafaila, Maria, Rhigas în Principatele Dunărene. Expoziţie organizată de Primăria şi Universitatea din Atena în colaborare cu Academia Română, Atena 24 septembrie – 22 noiembrie, în: Academica: Revista de ştiinţă, cultură şi artă 3 (1999), S. 20–21.

Rosenthal-Kamarinea, Isidora, Einflüsse Kallinos und Turtaios auf den Thurios des Rigas, in: Folia Neohellenika 2 (1977), S. 127–136.

Salmasius, Claudius, Observationes ad ius Atticum et Romanum, Paris 1630.

Scalcău, Paula, Grecii din România, Bukarest 2003.

Schott, Albert, Nachricht über Rigas Leben und Schriften; gesammelt, übersetzt und mit Anmerkungen begleitet, Anhang zum Vierten Bande von Pouqueville's Geschichte der Wiedergeburt Griechenland, Heidelberg 1825.

Sigonius, Carolus, De Republica Atheniensium, Paris 1564.

Stavridi Patrikìu, Rena, Rigas e l'uso dei simboli, in: Lucia Marcheselli Loukas (Hrsg.), Rigas Fereos. La rivoluzione, la Grecia, i Balcani. Atti Del Convegno Internazionale „Rigas Fereos – Bicentenario della morte", Trieste, 4–5 dicembre 1997, Triest 1999, S. 29–36.

Stern, Klaus, Die Idee der Menschen- und Grundrechte, in: Detlef Merten/Hans-Jürgen Papier (Hrsg.), Handbuch der Grundrechte in Deutschland und Europa, Bd. I, Entwicklung und Grundlagen, Heidelberg 2004, § 1, S. 3–48.

Stoianovitsch, Traian, Balkan Worlds: The First and Last Europe, Armonk, New York 1994.

Sugar, Peter F., Southeastern Europe under Ottoman Rule, 1354–1804, Seattle 1977.

Tambaki, Anna, Il polittico delle traduzioni di Rigas nell'ambito dell'Illuminismo neogreco, in: Lucia Marcheselli Loukas (Hrsg.), Rigas Fereos. La rivoluzione, la Grecia, i Balcani. Atti Del Convegno Internazionale „Rigas Fereos – Bicentenario della morte", Trieste, 4–5 dicembre 1997, Triest 1999, S. 82–95.

Thalheim, Theodor, Zur Eisangelie in Athen, in: Hermes 37 (1902), S. 342–352.

Thalheim, Theodor, Eisangelie-Gesetz in Athen, in: Hermes 41 (1906), S. 304–309.

Thomopoulos, Jean A., L'original de l'*Ecole des amants delicats* de Rhigas Velestinlis, in: Byzantinisch-Neugriechische Jahrbücher, Bd. 18 (1945–1949), S. 1028–1038.

Thür, Gerhard, Eisangelia, in: Der Neue Pauly (DNP), Bd. 3, Stuttgart 1997, S. 923 ff.

Tolomeo, Rita, Economia e società nei Principati Danubiani alla fine del '700, in: Italoellenikà, rivista di cultura greco-moderna, VII (1999–2000), S. 149–156.

Tsigarida, Isabella, Solon – Begründer der Demokratie?, Eine Untersuchung der sogenannten Mischverfassung Solons von Athen und deren „demokratischer" Bestandteile, Bern, 2006.

Ubicini, Jean-Henri-Abdolonyme, La Grande Carte de la Grèce par Rhigas, in: Revue de Géographie, 1881, Bd. VIII, S. 241 ff., und Bd. IX, S. 9 ff.

Valmarin, Luisa, La cultura rumena sotto i principi fanarioti, in: Italoellenikà, rivista di cultura greco-moderna, VII (1999–2000), S. 61–78.

Woodhouse, Christopher Montague, Capodistria. The Founder of Greek Independence, London 1973.

Woodhouse, Christopher Montague, The Proto-Martyr of the Greek Revolution, Limni 1995.

Zakynthinos, Dionysios A., The Making of Modern Greece. From Byzantium to Independence, Oxford 1976.

SCHRIFTEN ZUM STAATS-, VERWALTUNGS- UND EUROPARECHT

Herausgegeben von Andreas Haratsch

Band 1 Michael Späthe: Der Ausbau der informatorischen Polizeibefugnisse in Branden-
burg. Eine verfassungsrechtliche Untersuchung der erweiterten Polizeibefugnisse zur Gefahren- und Informationsvorsorge. 2014.

Band 2 Sebastian Piecha: Die Rettungsmaßnahmen zugunsten zahlungsunfähiger EU-
Mitgliedstaaten. Eine unions- und verfassungsrechtliche Analyse. 2016.

Band 3 Ilias I. Sofiotis: Die Staats- und Grundrechtslehre von Rhigas Velestinlis. Übernationaler Menschenrechtskonstitutionalismus im Europa des 18. Jahrhunderts.
2018.

www.peterlang.com